U0592935

基于产权效率的国家自然资源资产管理体制研究

裴 玮 著

RESEARCH ON MANAGEMENT SYSTEM OF
NATIONAL NATURAL RESOURCE ASSETS BASED ON
PROPERTY RIGHTS EFFICIENCY

经济管理出版社
ECONOMY & MANAGEMENT PUBLISHING HOUSE

图书在版编目（CIP）数据

基于产权效率的国家自然资源资产管理体制研究/裴玮著.—北京：经济管理出版社，2022.8
ISBN 978-7-5096-8659-1

Ⅰ.①基… Ⅱ.①裴… Ⅲ.①自然资源—国有资产—管理体制—研究—中国 Ⅳ.①F124.5

中国版本图书馆 CIP 数据核字（2022）第 142087 号

组稿编辑：张广花
责任编辑：张广花
责任印制：许　艳
责任校对：蔡晓臻

出版发行：经济管理出版社
　　　　　（北京市海淀区北蜂窝 8 号中雅大厦 A 座 11 层　100038）
网　　址：www.E-mp.com.cn
电　　话：（010）51915602
印　　刷：唐山昊达印刷有限公司
经　　销：新华书店
开　　本：787mm×1092mm/16
印　　张：12.75
字　　数：245 千字
版　　次：2022 年 8 月第 1 版　2022 年 8 月第 1 次印刷
书　　号：ISBN 978-7-5096-8659-1
定　　价：88.00 元

·版权所有　翻印必究·

凡购本社图书，如有印装错误，由本社发行部负责调换。
联系地址：北京市海淀区北蜂窝 8 号中雅大厦 11 层
电话：（010）68022974　邮编：100038

序

自然资源资产管理制度是我国生态文明建设的基础性制度，贯穿于生态文明建设的全过程，渗透在生态文明建设的各方面。党的十八大以来，党中央高瞻远瞩，对自然资源资产管理体制进行了总体部署。《中共中央关于全面深化改革若干重大问题的决定》明确提出，"健全国家自然资源资产管理体制，统一行使全民所有自然资源资产所有者职责"。党的十九大报告进一步提出，"设立国有自然资源资产管理和自然生态监管机构，完善生态环境管理制度，统一行使全民所有自然资源资产所有者职责，统一行使所有国土空间用途管制和生态保护修复职责，统一行使监管城乡各类污染排放和行政执法职责"。推动自然资源资产管理制度改革，对全面贯彻新发展理念、加强生态文明建设、完善社会主义市场经济体制、维护社会稳定和公平正义、实现国家治理能力现代化具有重要意义。

当前，国务院相关部委和地方相关政策部门围绕自然资源资产管理进行了行之有效的探索和实践，形成了一批制度性成果，既为系统推进生态文明建设提供了制度保障，也为深入研究自然资源资产管理问题提供了理论支撑。

《基于产权效率的国家自然资源资产管理体制研究》是裴玮教授深入开展国有自然资源资产管理研究的重要成果，既有文献分析、制度比较和理论创新，也有实地调研、经验总结和实践探索，为我国自然资源资产管理体制改革研究提供了重要参考。本书以马克思主义产权理论、制度经济学产权制度变迁理论为指导，深入地研究了我国自然资源资产管理的产权效率问题，科学地分析了自然资源资产产权效率的基本特征，论证了产权效率制度创新的作用机理、传导机制和内在逻辑，建立了自然资源资产产权变迁的理论分析框架，在对美国、日本、欧洲等发达国家和地区自然资源资产管理的沿革进行总结以及对我国自然资源资产管理体制的历史变迁进行梳理的基础上，创建了自然资源资产管理体制的产权效率评价方法，以省份为单位对我国自然资源资产产权效率进行了评价，进而揭示了当前我国自然资源资产产权管理存在的问题。本书结合 2018 年以后国家机构改革和生态文明制度建设中存在的现实问题，从制度框架设计、政策工具创新、法律体系优化三个方面提出了自然资源资产管理体制的完善路径，采取分类型和分省份两条分析路线，对不同类型的自然资源资产产权制度问题进行了研究，对党的十八届三中全会以后各省份自然资源资产管理体制改革的进展、推进过程中存在的问题进行了研究，提出了协调处置保护区和矿业权重叠问题、开展草原"三权分置"、建立资源分类标准体系等多项制度创新建议，具有较强的理论价值和实践价值。全书观点鲜明、引证规范、逻辑清晰，对资料、数据的采集和处理翔实、妥当。

自然资源资产管理体制既是建立系统、完整的生态文明制度体系的内在要求，也是重大的经济问题和关系民生的重大社会问题；不仅涉及体制机制的重构与完善，而且涉及多方利益主体；既是改革的重点，又是改革的难点。理论研究无止境，实践创新无终点。希望作者以该成果的出版为契机，进一步深入研究、开拓进取，为我国生态文明建设的理论深化和创新提出更多、更好的建议。

2022 年 3 月

前　言

　　自然资源资产管理渗透在国民经济和社会发展的各个方面与全过程，事关企业、民众生产生活行为的合理性、合法性。健全自然资源资产管理体制是解决当前自然资源资产管理中存在的所有者权利与管理者权力不分、多头管理、职能交叉、市场和政府作用不明晰、行政执法监管不力等现实问题的根本途径。

　　针对我国自然资源资产管理体制中存在的诸多问题，党中央、国务院高瞻远瞩，对自然资源资产管理进行了系统谋划和科学部署，《中共中央关于全面深化改革若干重大问题的决定》提出，"健全国家自然资源资产管理体制，统一行使全民所有自然资源资产所有者职责"，《生态文明体制改革总体方案》规定，"坚持自然资源资产的公有性质，创新产权制度，落实所有权，区分自然资源资产所有者权利和管理者权力，合理划分中央地方事权和监管职责，保障全体人民分享全民所有自然资源资产收益"，党的十九大报告进一步提出，"设立国有自然资源资产管理和自然生态监管机构，完善生态环境管理制度，统一行使全民所有自然资源资产所有者职责"，《中共中央关于制定国民经济和社会发展第十四个五年规划和二〇三五年远景目标的建议》继续将"健全自然资源资产产权制度和法律法规"作为健全高标准市场体系的重要内容。

　　当前，对于自然资源资产管理有三个基本问题需要回答：第一，自然资源资产具有不完全产权属性，决定了其产权效率与一般资产产权效率具有不同的特性，自然资源资产产权效率有何基本特征？自然资源资产产权效率对制度创新有何作用机理和传导机制？这是自然资源资产管理中应该深入研究的重要理论问题。第二，经过几十年的实践探索，国内外自然资源资产管理有何成功经验？应用不同的政策工具效果如何？这是自然资源资产管理中应该科学梳理和总结的实践经验。第三，如何科学评价自然资源资产产权效率？解决当前自然资源资产管理的现实问题需要哪些系统方案？这是自然资源资产管理中急需设计的实现路径。

本书基于对上述三个问题的思考和深入研究，以国家自然资源资产管理体制为研究对象，从产权视角建立了自然资源资产管理的理论分析框架，分析了自然资源资产管理的制度成本结构和传导机理，为自然资源资产管理体制研究奠定了理论基础，构建了自然资源资产产权效率评价体系和方法，为推进不同空间尺度自然资源资产管理制度改革提供了可操作、可推广的理论分析框架和政策评价工具。本书结合美国、日本、欧洲等发达国家和地区自然资源资产管理的沿革与现状，总结了发达国家和地区的三种典型管理模式，结合国家机构调整和政策、法律的变化，对中华人民共和国成立以来的自然资源资产管理进行了分阶段研究，详细分析了每一阶段的制度特点。本书对单体自然资源资产产权制度和各省份自然资源资产管理体系进行了专题研究，构建了纵横交错的研究对象体系，客观、科学地掌握了全国自然资源资产管理总体情况，对正在推进的自然资源资产管理体制改革提出了具有针对性的政策建议。

由于笔者水平有限，本书中的观点、方法难免有不妥之处，恳请读者批评指正。

裴祥

2022 年 3 月

目　录

第一章 绪 论

第一节 研究背景和意义

我国是一个自然资源总量丰富但人均占有量不多的国家，过去的粗放型经济增长在带给我们巨大物质积累的同时也产生了严峻的资源环境问题。资源浪费和低效使用会导致许多主导性自然资源和主要原材料供给不足，甚至濒临枯竭，经济发展与资源约束的矛盾尖锐化，也会影响我国经济发展方式转变和国家资源安全，成为我国绿色转型和高质量发展的巨大威胁。造成这一问题的关键因素是自然资源资产产权有待进一步明晰、市场化的自然资源资产管理体制发展较滞后，自然资源资产管理以行政力量解决为主，灵活有效的市场机制未能完全发挥其积极作用，资源价值的实现方式和分配方式有待进一步优化，需要处理好"公平"和"效率"的关系。因此，正确处理自然资源与经济发展的关系，其切入点就是要建立符合社会主义市场经济要求的自然资源资产管理体制，充分发挥市场和政府的力量，提升自然资源资产产权的配置效率，完善自然资源资产价值的创造、转移和分配手段，建立具有中国特色的现代化自然资源资产管理体制。

一、研究背景

改革开放以来，尤其是进入 21 世纪以来，我国经济高速增长与资源节约集约利用、开采的矛盾进一步凸显。建立在资源掠夺基础上的粗放型经济增长方式越来越不可持续，水、土地、矿产、森林等自然资源的产出率、使用效率和人均占有量已经接近临界值，经济社会健康发展的资源基础已经受到了影响。资源依赖的刚性路径在新的发展阶段迫切需要改变，构建科学合理、运行有效的自然资源资产管理体制来缓解这一深层次矛盾，不仅是国民经济发展的现实需要，也是对社会主义市场经济体制的重大创新。

（一）绿色创新发展的必然选择

绿色发展和创新发展是在对长期形成的粗放型经济增长方式进行深刻反思的基础上提出的科学发展理念。它从观念上和行为上改变了以速度和规模为特点的传统增长方式，实现方式上将资源承载力作为基础、将生态环境容量作为约束、将生态环境保护和资源节约利用作为实现生态文明建设重要支柱的新发展模式，是以效率、和谐、可持续为目标的经济增长和社会发展方式，它本身就是创新的直接产物。

从要素层面来看，绿色发展至少包括以下几个关键要素：一是把环境和资源作为社会经济发展的内生变量。这是对传统经济发展模式的严峻挑战。传统经济增长模型把资源和环境作为经济增长的外生变量，如著名的柯布—道格拉斯生产函数（$Y = AK^{\alpha}L^{1-\alpha}$）主要强调了资本和劳动对经济增长的贡献，而新古典经济增长模型则强调了投资和储蓄对经济增长的作用。虽然之后的经济学家们注意到了技术进步对经济增长的贡献，但始终没有对自然资源这一基本要素给予科学的认识，强调依靠自然资源要素的获取和数量的增加来支撑经济增长，而忽视了自然资源的价值发挥和质量提升，至今仍把自然资源利用效率排斥在经济增长模型之外，这显然是当代经济增长观的一大误区。绿色发展理念要求对主流经济学中的传统生产函数进行重新定义，形成新的绿色生产函数，产生从以自然要素投入为特征到以绿色发展要素投入为特征的跃迁过程[①]。

二是把绿色技术作为支撑绿色发展的主要手段。绿色发展离不开技术的进步，人类在数百年的工业文明时代积累了丰富的物质生产技术，极大地解放和发展了生产力，先进技术已经成为引领国际竞争的第一要素。这一要素本身就包括了创新因素，可以说，绿色发展是靠创新来推动的。但应该说明的是，技术本身是绿色发展的必要条件

---

① 危旭芳. 理解绿色发展的五个维度［N］. 学习时报，2016-02-22.

而非充分条件，这一说法在魏伯乐等（2010）[①] 的著作中被称为"反弹效应"[②]，即技术进步的结果可能会被消费的增长所抵消。例如，建筑技术的改进使建筑成本大幅度降低，原本效率提高所带来的产量增加却被更多的住房消费所抵消，结果是消费了更多的资源。这种技术显然是无法提高资源产出率的，它是一种非绿色的技术，最终无法实现绿色发展。绿色技术的发展将经历从劳动生产率提高到资源产出率提高两大阶段，而资源环境成本一旦成为企业生产的内在成本，这种绿色技术的市场动力将立即显现。

三是绿色的制度设计是基本保障。实现绿色发展必须依靠严格的制度体系。党的十八大以来，中央为加快生态文明建设、促进绿色发展出台了一系列政策，已经建立起有利于绿色创新发展的制度体系。资源能源的节约集约使用、生态环境的保护归根结底要靠社会成员的共同行为。依靠资源掠夺来满足人类发展已经不可持续，必须通过制度创新来扭转。综观全球，生态环境保护得较好、资源能源实现可持续利用的国家和地区，无一不是靠严格的制度体系来规范的。例如，新加坡建立了防洪、水资源供需和生态环境保护"三位一体"的水资源管理体制，由公用事业局进行水资源利用、水环境保护、水生态环境建设、防洪防灾的一体化管理，提高了水资源和水环境的承载能力，实现了水资源的永续利用。

四是绿色价值观念是内生动力。人的行为必然受其价值判断的影响，我国经济社会发展与资源环境的深层次矛盾是受人的意识和认识水平影响的。在社会主义初级阶段，"先污染后治理"的发展道路不适合我国的特殊国情，它不仅损害了经济社会发展的基础，也破坏了社会经济秩序和社会主义生产关系。实现绿色发展和创新发展必须改变和扭转资源廉价论，牢固树立生态文明理念，通过绿色制度设计约束人的行为、提高人的环保意识，形成节约集约利用资源的长效机制，将生态环境保护内化为人的自觉行为。

绿色发展和创新发展是中国崛起的重要法则，沿用粗放型经济增长方式将是穷途末路，破除人地关系紧张的发展困局必须要求从体制机制上有所创新，不断完善现在的自然资源管理体制，扭转人均资源占有少的现实困境，提高自然资源的使用效率，用效率的增长而不是用数量的增加来谋求绿色发展和创新发展的新优势。

---

① 魏伯乐，查理·哈格罗夫斯. 五倍级［M］. 程一恒，译. 上海：格致出版社，上海人民出版社，2010.
② "反弹效应"是指由于消费的扩大而将效率提升、资源节约和环境保护的成果吞噬。

（二）国家治理现代化的内在规定

国家治理现代化是党对社会政治发展规律的新认识，是马克思主义国家理论的重大创新。它包含两个方面：一是国家治理体系现代化；二是国家治理能力现代化。

在国家治理体系现代化方面，首先，国家治理体系必须是一个有机的、协调的、动态的和整体的制度运行系统，包括国家的行政体制、经济体制和社会体制。国家治理体系现代化是国家现代化的重要表征，一个现代化的国家治理体系必须要有法制化的公共权力运行机制。自然资源公有制在形式上采取国家所有和集体所有两种形式，从目前的制度安排来看，无论是国家所有还是集体所有的自然资源，都是在公共权力制约下实现的。大部分自然资源又具有资产性质，能够为其所有者带来收益，而产权虚置必然导致公共权力的目的正当性、范围有限性、使用效率性、主体合法性和行为规范性发生扭曲甚至完全丧失，其结果就是自然资源利用的经济效率和效益丧失。因此，国家治理体系现代化必须要求政府治理、市场治理、社会治理和生态治理"四管齐下"，在自然资源的管理上形成完善的制度安排和规范的公共秩序，确保公共权力的正确行使。

其次，国家治理体系现代化必须充分彰显法治化。我国的自然资源管理法律体系仍需进一步完善，对一些重要的自然资源还存在立法盲区，自然资源管理的规范化程度有待进一步提高。在自然资源产权制度立法方面，有些法律虽然强调了自然资源公有制这一基本制度，但是对自然资源产权的主体含混不清，对中央、部门、地方、个人之间的权利义务边界尚不明确，所有者的权利与管理者的权力相互混淆，对自然资源的交易和补偿立法路途漫长。国家治理体系现代化客观上要求在自然资源管理方面实现法治化，完善自然资源管理法律法规，加快形成严格的自然资源管理法律法规体系，让法律成为自然资源管理的最高权威，任何组织和个人都不能有超越法律的特权，实现从传统管理到现代治理的转变。

再次，国家治理体系现代化必须体现效率。现代化的国家治理体系应当有效维护社会稳定和社会秩序，有利于提高行政效率和经济效益。在自然资源管理领域内，如果过多地强调自然资源的资源属性而忽视其资产属性，就会导致自然资源资产长期粗放利用、浪费严重。

最后，国家治理体系现代化必须实现协调化。从中央到部门再到地方各个层级，从政府治理、经济治理到社会治理再到生态治理，各种制度安排相互协调、相互配合，形成合力。我国的自然资源管理体制必须解决的现实问题就是改善条块分割现状与建立统一协调机制，必须要改革现有的自然资源管理体制，建立分层分级行使、中央与地方配合、与市场经济体制相吻合的现代治理体系。

在国家治理能力现代化方面，建立现代化的国家治理体系的根本目的是提高国家治理能力，而国家治理能力现代化的一个关键能力就是制度构建能力。完善的自然资源管理体制必须凸显制度的系统性、整体性、协调性，提升制度结构的科学性与运行效能。着力优化制度体系的内部结构，通过不同制度之间的紧密衔接、相互配合，整体发挥生态文明制度体系的行为规范、利益整合和关系协调作用，确保体系制度的组成部分和构成要素围绕既定目标协调运行。

（三）全面深化改革的迫切要求

党的十八届三中全会通过了《中共中央关于全面深化改革若干重大问题的决定》，部署了多项改革措施，其根本目的是完善和发展中国特色社会主义制度，推进国家治理体系和治理能力现代化，为实现中华民族伟大复兴奠定坚实的基础。

党的十一届三中全会以来，我国改革开放经历了从探索到建立再到纵深发展的过程，成为经济社会发展的主要动力，破解了许多影响和制约发展的重大难题，推动经济社会发展和综合国力跃上新台阶，已成为世界第二大经济体。但是，我国发展中还有一系列深层次矛盾和问题尚未得到根本解决，国际国内形势深刻变化还会不断带来很多新的问题和挑战。新旧问题相互交织，迫使我们用更坚定的决心、更果敢的勇气、更科学的举措破除发展中的藩篱。

党的十八届三中全会将生态文明制度纳入全面深化改革的总体布局，把自然资源资产产权制度作为生态文明制度建设的首要内容，明确提出"对水流、森林、山岭、草原、荒地、滩涂等自然生态空间进行统一确权登记，形成归属清晰、权责明确、监管有效的自然资源资产产权制度……健全国家自然资源资产管理体制，统一行使全民所有自然资源资产所有者职责"。《中华人民共和国国民经济和社会发展第十四个五年规划和 2035 年远景目标纲要》将"健全自然资源资产产权制度"作为高标准市场体系建设的重要内容，其主要目的是解决经济社会发展中的资源环境约束加剧问题，这是一个既重要又紧迫的现实制约。这一体制改革必将改变现有的利益分配和权力分配格局，将使企业、政府、居民的生产生活发生深刻的变化，也将影响经济、社会、政治、文化建设的协调性和系统性，事关全面深化改革的成败和共同富裕的兴衰。

（四）生态文明建设的现实需要

生态文明建设是"五位一体"中国特色社会主义现代化总体布局的重要组成部分，生态文明建设经历了一个从萌芽到提出再到系统谋划的过程。

自1996年以来，中央为推进生态文明建设提出了科学发展观、社会主义和谐社会等理论和建设"两型社会"、发展循环经济、主体功能区建设等一系列实践探索。2007年党的十七大胜利召开，将建设生态文明作为中国实现全面建设小康社会奋斗目标的新要求之一，宣告从国家层面推进生态文明建设正式拉开了帷幕。

2012年，党的十八大把"生态文明建设"写进党章，把经济建设、政治建设、文化建设、社会建设列为中国特色社会主义现代化的总体布局，并对生态文明建设的发展理念、战略目标、战略任务、建设内容等做出了十分清晰的阐述，基本构建了我国生态文明建设的战略框架。应该说，从党的十七大到党的十八大这五年，是我国生态文明建设从战略构想到系统谋划转变的五年，也是生态文明建设不断完善、认识不断深化的五年。我国已经把生态文明建设从单一的生态环境保护提升为事关中华民族伟大复兴的发展战略，建设生态文明已经成为全社会的共识。

一个伟大的构想必须持续实践才能不断发展和成熟。党的十八大以后，我国的生态文明建设面临着前所未有的压力，面临着知行不一、知易行难的困局。一方面，还存在把生态文明建设"矮化"的误区，把生态文明建设简单等同于生态环境保护，忽略了其系统性、全局性和整体性，对生态文明建设在"五位一体"中的突出地位和特殊的引领作用认识还比较模糊。生态环境保护固然是生态文明建设的重要内容，也是当前最需要解决的现实问题，但不意味着生态环境搞好了，生态文明就建设好了。资源约束趋紧、环境污染严重、生态系统退化，这些只是问题的表象，其背后的原因是人类的不当行为，而部分不合理的制度设计又强化了行为的不文明以及扭曲了人属于自然界的价值观念，这才是问题的根本。因此，解决生态问题、资源问题和环境问题的根本出路在于制度创新，通过科学的制度设计改变人类的不文明行为，使生态文明理念在全社会牢固树立。另一方面，实践路径尚不清晰，虽然一些地方认识到了生态文明建设的重要性，但是推进的方式方法尚未成型。中央提出"把生态文明建设放在突出地位，融入经济建设、政治建设、文化建设、社会建设各方面和全过程"和"协同推进新型工业化、城镇化、信息化、农业现代化和绿色化",但是如何"融入"和"协同",这在实践中是一个难题。融入什么、谁融入谁、如何融入、在哪里融入、融入的流程和环节如何设计、融入的效率如何提升、协同的路径应该是什么、协同的机制如何落实等一系列问题的解决,成为生态文明建设能否顺利推进的关键。这些实践没有现成的经验可循,只能"摸着石头过河"。因此,只有在制度的顶层设计上不断完善,才能为生态文明建设保驾护航。

自然资源的有效利用和科学管理是生态文明建设的重要任务,也是我国当前需要着力解决的紧迫性问题。土地、森林、草原、湿地、河流、湖泊和海洋既是重要的自然资源,也是重要的自然环境、生态系统、生态资本。只有加大对这些自然资源、自然环境、生态系统和生态资本保护制度创新、整合和落实,通过科学的制度提高使用效率和收益水平,才能确保这些自然资源、自然环境、生态系统和生态资本的规模、结构、质量和功能不因经济社会发展而改变,也才能更好地服务于社会主义现代化建设。

二、研究意义

党的十八届三中全会对自然资源资产管理体制进行了系统建构,强调"健全国家自然资源资产管理体制,统一行使全民所有自然资源资产所有者职责"。《中华人民共和国国民经济和社会发展第十四个五年规划和2035年远景目标纲要》强调市场化的自然资源资产管理体制构建。自然资源资产管理渗透在经济社会发展和国家治理的各方面和全过程,关系到企业、个人等社会主体生产生活行为的合规性、合理性、合法性,必不可少。健全国家自然资源资产管理体制是解决当前自然资源资产管理中存在的所有者权利与管理者权力不分、多头管理、职能交叉、行政执法监管不力等现实问题的根本途径。自然资源资产管理体制既是建立系统、完整的生态文明制度体系的内在要求,也是重大的经济问题和涉及民生的重大社会问题;不仅涉及现有体制机制的重构与完善,而且涉及多方利益主体;既是改革的重点,又是改革的难点,对于提高资源使用效率、推进生态文明建设和完善社会主义市场经济体制都具有十分重大的现实意义。

(一)为提高自然资源使用效率提供新路径

我国是一个资源禀赋优越的国家,广大人民群众开发利用自然资源历史悠久,各种自然资源的开发利用发展迅速。但是，由于人口基数大，各类自然资源的人均占有量普遍偏低，加之自然条件、科技水平、管理体制等多方面的原因，我国自然资源开发利用水平总体说来还不高、开发利用效率还不强。更为严峻的是，在自然资源人均占有不足和开发利用效率不高的同时，自然资源浪费问题却日益严重。

解决这些问题的根本，必须依靠制度建设。健全国家自然资源资产管理体制有利于提升自然资源对社会经济发展的支撑和保障能力，实现自然资源资产保值增值；有利于维护自然资源管理秩序，提高自然资源使用效率。在自然资源资产管理的顶层设计上不断探索，厘清资源行政管理和资产产权管理的相互关系、影响机制和不同方法，有助于着力推动自然资源生产利用方式变革，优化自然资源供给结构，树立节约集约循环利用的资源观；有助于加强全过程节约管理，大幅度提高资源综合利用效益，强化自然资源规划管控，维护国家生态安全。

（二）为完善生态文明制度体系提供新举措

生态文明建设关系民生福祉和民族未来，是贯穿我国社会主义现代化建设全过程的一项重大战略任务。党中央高度重视生态文明建设，一直把生态文明制度创新作为推动生态文明建设的有力抓手，先后出台了一系列政策文件，着力推动生态文明制度建设。

党的十八大提出"深化资源性产品价格和税费改革，建立反映市场供求和资源稀缺程度、体现生态价值和代际补偿的资源有偿使用制度和生态补偿制度""积极开展节能量、碳排放权、排污权、水权交易试点"。这实际上已经将资源产权作为生态文明制度建设的一部分关键内容，意味着在生态文明建设成为国家战略的一开始，自然资源资产管理体制也成为其重要领域。党的十八届三中全会上，党中央再次把"健全自然资源资产产权制度和用途管制制度"作为生态文明制度建设的第一内容，但是对于该制度如何推进、如何实施、主体是谁、使用哪种方式方法等问题尚没有明确说明。2015年9月，中共中央、国务院印发的《生态文明体制改革总体方案》仍然将自然资源产权制度作为重中之重，在党的十八届三中全会的基础上进一步明确了"资源公有、物权法定"的基本原则，提出了统一确权登记、划清全民所有和集体所有之间的边界、制定权力清单、加强自然资源资产交易平台建设以及管理体制改革等一系列措施，对自然资源资产管理体制进行了系统谋划。此后，我国又出台了《中共中央　国务院关于完善产权保护制度依法保护产权的意见》《自然资源统一确权登记办法（试行）》

等政策文件，对每个具体行动都进行了详细部署，自然资源资产管理体制正在从战略谋划向实施方案转化。

自然资源资产管理体制改革是一项开创性的工作，没有现成的模式可以借鉴，只能立足于我国的现实国情进行探索、安排和设计。自然资源资产管理体制不是对现有行政手段的强化，而是通过完善相关法规标准、目标体系、分解落实机制、监管体系、问责制度等，推进生态文明领域的治理体系现代化。对该问题的深入研究有利于形成新的制度红利，最大限度地释放自然资源的经济活力，以最小的代价换取可持续的增长；有利于为正在进行的生态文明建设提供新的思路，不断探索和完善生态文明制度体系，在尊重生态规律的基础上运用经济规律探索自然资源资产管理体制机制创新，为正在进行的生态文明制度建设提供新的路径、方法和模式；有利于丰富生态文明理论体系和方法论体系。本书将构建自然资源资产产权效率理论分析框架，对自然资源资产管理体制进行理论诠释，为推进生态文明制度建设提供理论支撑。同时，本书在自然资源资产产权效率的评价方法上寻求新突破，并在管理体制、运行机制与政策工具的协同创新上探索可操作的方法、工具，对于完善生态文明制度建设的方法论体系具有重要的学术价值，为推进自然资源资产管理提供可操作、可选择的顶层设计与政策工具；既有助于提高自然资源资产的配置效率，也有助于引导政府在自然资源资产管理中的职能转变。

（三）为完善社会主义市场经济体制提供新思路

自然资源资产管理体制是我国生态文明制度体系的重要组成部分，也是中国特色社会主义市场经济体制的重要内容。加强对自然资源资产管理体制的研究有助于为社会主义公有制的实现形式、社会主义收入分配的基本方式、社会市场体系的科学内涵、社会主义宏观调控的方式方法等研究提供新的思路。

长期以来，由于对自然资源资产的占有、使用、收益、处分等权能体系缺乏充分的理论解释和法理解释，对其行使范围和责任主体缺乏明确界定，造成自然资源资产所有者权利与管理者权力不分，所有权、经营权与使用权混同，自然资源资产产权效率极低，这些都不可避免地会造成自然资源的过度使用、低效使用甚至无效使用。自然资源资产管理体制坚持资源公有、物权法定，这是由我国社会主义制度所决定的，保证自然资源资产的公有地位，并通过法律形式科学划分不同主体的行为边界和责权利关系，有利于提升社会主义生产能力。自然资源资产管理体制允许

"三权"分置，这也是社会主义公有制实现形式的重大创新。通过市场手段提升自然资源资产交易的效率，充分体现了社会主义初级阶段"效率优先"的分配原则。同时，科学区分了自然资源资产和自然资源的不同属性，将政府对资源的监管与自然资源资产市场运作分开，通过价格机制、竞争机制引导不同主体把自然资源资产作为积极要素参与发展社会生产力，促进自然资源资产的高效利用和合理开发，使其能够平等参与市场行为、公平参与价值分配，这是对社会主义初级阶段分配制度的进一步完善。把产权从资源管理的行政分割中提取出来，作为市场经济的又一发展要素，重新整合现有资源管理部门的职能，科学地将自然资源资产的产权纳入市场体系，通过交易平台的建设促进自然资源资产产权市场化，这一重大创举是对社会主义市场体系内涵的拓展。

第二节　国内外研究综述

一、国外研究综述

（一）研究重点

1. 自然资源的产权制度安排

在制度经济学中，产权制度是一个最基本和最核心的研究内容。西方学者对自然资源产权制度的研究起源于西方产权理论，其目的是通过产权制度设计来解决自然资源利用中的负外部性问题。国外对自然资源产权的研究最早可以追溯到诺贝尔经济学奖得主罗纳德·哈里·科斯的交易费用理论[①]，其核心观点是，在交易费用为零或不高的情况下，政府应当做的事情只是明确界定和有效实施产权制度。换言之，自然资源资产只要是产权明晰且可交易的，由市场进行配置能够实现最低交易成本，这为自然资源资产管理奠定了理论基础。此后，斯科特·戈登（Scott

---

① 罗纳德·哈里·科斯（Ronald H. Coase）在 1937 年发表的《企业的性质》一文中，首次提出了"交易费用理论"，他认为，企业和市场是两种可以相互替代的资源配置机制，由于存在有限理性、机会主义、不确定性与小数目条件使市场交易费用高昂，为节约交易费用，企业作为代替市场的新型交易形式应运而生。该理论区分了市场交易和企业内部交易。

Gordon，1954）在其关于渔业资源的学术论文中将产权结构划分为私有产权和共有产权两种，并认为渔业资源由于具有公共产权特性而产生"资源破坏"和"过度利用"，而加雷特·哈丁（Garrett Hardin，1968）称其为"公地悲剧"。著名经济学家张五常（2014）则深入研究了渔业资源租金消散问题，认为海洋渔业资源由于产权设置的非排他性和缺乏进入壁垒，造成了生产成本投资过高、单位收益较低，最终导致资源系统退化。美国学者埃莉诺·奥斯特罗姆（2000）提出了"公共池塘资源"的概念，认为公共池塘是一种人们共同使用这个资源系统但分别享用资源单位的公共资源，并提出了自主组织和治理公共事务的制度理论。[①] 哈罗德·德姆塞茨、银温泉（1990）则对土地资源的公有和私有产权制度进行了研究，认为土地的公共产权具有外部性，只能借助产权的变迁和重组，即以个人产权取代公共产权部分来解决。

这类研究是从制度经济学的视角研究自然资源产权制度问题，成为制度经济学的一大流派。

2. 自然资源管理体制评价

自然资源管理体制评价研究带有很强的规范分析色彩。英国学者朱迪·丽丝（Judish Rees，2002）[②] 在《自然资源：分配、经济学与政策》一书中，按照人类福利几个关键目标的贡献对资源管理体制进行了评价，她重点从经济效率、社会公平与经济发展、国家保障三个方面运用成本—效益分析方法对矿产资源管理进行了评价。阿兰·兰德尔[③]（Alan Randall，1989）利用经济学理论构建了资源环境政策的定量分析方法，他运用西方经济学的效用最大化曲线分析了环境政策的经济效率评价问题，并将这一模型在水利工程、土地利用政策、污染排放控制、化石燃料供需等领域进行了实证分析。雷利·巴洛维[④]（Raleigh Barlowe，1989）则把影响不动产资源占用和使用的制度因素称为"土地制度"，并评价了家庭制度、教育、政府、法律、风俗和宗教等方面对不动产资源占有和使用的影响。

① 埃莉诺·奥斯特罗姆. 公共事物的治理之道：集体行动制度的演讲 [M]. 余逊达，陈旭东，译. 上海：上海译文出版社，2000.

② 朱迪·丽丝. 自然资源：分配、经济学与政策 [M]. 蔡运龙，等，译. 北京：中国商务出版社，2002.

③ 阿兰·兰德尔. 资源经济学：从经济角度对自然资源和环境政策的探讨 [M]. 北京：商务印书馆，1989.

④ 雷利·巴洛维. 土地资源经济学——不动产经济学 [M]. 谷树忠，译. 北京：北京农业大学出版社，1989.

这类研究更重视定量化的分析方法，大量运用了西方经济学边际学派的分析工具，实现了对管理政策和制度的计量研究，具有较强的借鉴意义。

3. 自然资源配置政策

国外对自然资源管理政策的研究主要集中于对水、土地、矿产等主要自然资源的分配管理方面。国外学者普遍认为，土地资源的配置实际上是一种空间调控政策。城市地理学派主要从企业利润最大化方面研究土地资源配置问题，产生了区位论、地租理论、门槛理论等一系列经典理论。

美国学者 Donald L. Uchtmann（1976）① 以煤炭为例研究了矿产开采权的出租、出售、限价问题。Keith F. Palmer（1980）② 则以发展中国家的矿产税收政策为例对资源税问题进行了研究，指出由于外国风险资本的进入，政府需要建立完善的矿产税收体系以获得最大份额的资源租金。Kenneth R. Stollery（1987）③ 则以加拿大的铜矿产业为例，对开放条件下矿产资源管理政策进行了研究。

（二）研究述评

1. 起步较早，研究领域不断拓展

西方学者对自然资源产权制度的研究起步较早，源于20世纪二三十年代，研究的出发点是从自由市场的"稀缺"层面探讨经济与资源的关系。起初主要侧重于纯经济学的研究，比较重视自然资源的经济属性，在研究方法上主要采用的是西方经济学理论范式，使自然资源逐渐成为经济学研究的重要内容，为后来的资源经济学学科的产生奠定了基础。如理查德·西奥多·伊利和爱德华·莫尔豪斯④主编的《土地经济学原理》一书，系统地论述了土地的经济属性，揭示了公私土地利用政策与劳动、资本和管理等其他经济政策的关系，开辟了经济学研究的新领域。其后的"侯太龄定律"、宇宙飞船经济理论等均分析了自然资源的枯竭等问题。这一阶段研究的主要特点是运用了大量的经济模型和若干假定条件进行抽象分析，可以把其归

---

① Donald L. Uchtmann. Coal Farmers and the Collective Sale of Mineral Rights［J］. Illinois Agricultural Economics, 1976, 52（1）: 265-277.

② Keith F. Palmer. Mineral Taxation Policies in Developing Countries: An Application of Resource Rent Tax［J］. Staff Papers, 1980, 27（3）: 517-542.

③ Kenneth R. Stollery. Mineral Procession in an Open Economy［J］. Land Economics, 1987, 63（2）: 128-136.

④ 理查德·西奥多·伊利，爱德华·莫尔豪斯. 土地经济学原理［M］. 滕维藻，译. 北京：商务印书馆，1982.

为资源经济学派。

20 世纪五六十年代，以罗纳德·哈里·科斯、威廉姆森、阿门·阿尔奇安、德姆塞茨、道格拉斯·C. 诺斯、张五常等为代表的新制度经济学派不断崛起，其经济思想逐渐渗透到对自然资源的研究中，这一时期的研究重点从资源经济领域逐渐转到自然资源产权管理，自然资源资产化管理思想和资源资产化管理理论开始形成，其中比较有代表性的著作包括：丹尼尔·H. 科尔在《污染与财产权：环境保护的所有权制度比较研究》一书中分析了公共财产权、混合财产权、私人财产权和共有财产权等在环境保护中的作用和局限性①；H. 卢基扬契可夫和 H. 波特拉夫雷在《自然资源利用经济与管理》一书中提出，占优势的经营耗费机制造成了能源与资源不合理的和过度的耗费，并造成了严重的生态后果等②。

另外，西方学者的研究还有一条技术路线，即对自然资源管理体制的研究，其中比较成熟的是对美国、澳大利亚等国家的管理体制的研究。这些研究已经从最初的纯理论研究逐渐过渡到对管理体制实效性的研究，其原因有两个方面：一是世界政治经济格局变化倒逼体制改革，推进了对资源管理制度和政策的研究；二是面对严峻的资源问题，各国根据自身国情不断创新资源管理制度，学术研究持续深入、不断完善。

2. 以自然资源财产权研究居多

西方学者对自然资源产权的研究受到了西方社会体制的影响，多数学者将其界定为资源的财产权，如安德森·希尔（1975）在研究美国西部的产权时将这种产权定义为 Property Rights③，Pearce D. 等（1991）也将其归纳为资源的财产权④，Schlager E. 和 E. Ostrom（1992）⑤、Pearse P. H.（1992）⑥ 均不同程度地论述了资源的财产权归属问

① 丹尼尔·H. 科尔. 污染与财产权：环境保护的所有权制度比较研究［M］. 严厚福，王社坤，译. 北京：北京大学出版社，2009.

② H. 卢基扬契可夫，H. 波特拉夫雷. 自然资源利用经济与管理［M］. 梁光明，霍雅勒，张志新，译. 北京：中国经济出版社，2002.

③ Anderson T. L, P. J. Hill. The Evolution of Property Rights：A Study of the American West［J］. Journal of Law and Economics，1975（18）：163-79.

④ Pearce D.，Bromley D. W.，Anderson T. L.，et al. Environment and Economy：Property Rights and Public Policy［J］. Economic Geography，1991，68（413）：436-439.

⑤ Schlager E.，E. Ostrom. Property-rights Regimes and Natural Resources：A Conceptual Analysis［J］. Land Economics，1992，68（3）：249-262.

⑥ Pearse P. H. From Open Access to Private Property：Recent Innovations in the Fishing Rights as Instruments of Fisheries Policy［J］. Ocean Development and International Law，1992，23（1）：71-83.

题及由此引起的经济效果。这些研究把资源的产权归结于财产权利，主要原因是政治体制所致，在西方国家以私有制为主体的社会组织框架下，资源的占有可以带来直接的经济效益，资源被视为所有者的财产体现，更强调的是其经济价值的实现。这与我国社会主义市场经济体制下的自然资源产权有所差异。应该说，自然资源产权是一种所有权，体现的是归属关系，其次才是收益权、使用权等权利约束。西方学者强调的是财产的收益权，在资源的管理体制上从收益实现的角度进行制度安排，这实际上体现的是一种收益管理方式。

二、国内研究综述

（一）研究重点

1. 基础理论研究

国内学者对什么是自然资源产权、什么是产权效率等基础性理论问题进行了丰富的研究，提出了"产权效率论""资源配置论""制度有效论"等观点。此外，国内学者还对自然资源产权的内涵、内容、特征等进行了研究。如谢地（2006）[①] 认为，自然资源在产权安排、所有权界定、使用权界定、转让权界定等方面均具有特殊性。董金明（2013）[②] 认为，自然资源国家所有权具有双重属性，即私权意义上的所有权和公权意义上的所有权，由此，自然资源产权运行过程可以具体划分为自然资源所有权（狭义）的经济实现、使用权的分配、经营权的运作、国家公共产权的管理四种具体形态。叶正国、时建辉（2014）[③] 认为，农地产权是农村土地物权和准物权的总称，具体表现为农地的所有权、农地用益物权、农地抵押物权、农地其他物权等。田贵良（2018）[④] 从产权视角重新审视了水权交易价格，认为水权交易价格是水权持有者的财产性收益，是受多种因素影响的特殊权属价格。卢现祥、李慧（2021）[⑤] 认为，自然资源资产产权由于其特殊性可以产生市场化效应、资源

① 谢地. 论我国自然资源产权制度改革 [J]. 河南社会科学，2006，14（5）：1-7.
② 董金明. 论自然资源产权的效率与公平：以自然资源国家所有权的运行为分析基础 [J]. 经济纵横，2013（4）：7-13.
③ 叶正国，时建辉. 我国农地产权制度的反思与重构 [J]. 东北农业大学学报（社会科学版），2014，12（4）：35-40.
④ 田贵良. 自然资源产权视角的水权交易价格经济学属性再审视 [J]. 人民珠江，2018，39（1）：95-99.
⑤ 卢现祥，李慧. 自然资源资产产权制度改革：理论依据、基本特征与制度效应 [J]. 改革，2021（2）：14-18.

配置效应、资本化效应与生态化效应。

2. 自然资源管理存在的问题

姜文来（2000）① 对自然资源管理中的资产价值、资产折旧、资源与资产关系等问题进行了初步梳理。欧阳岚（2003）② 认为，我国西部自然资源管理存在产权主体虚置、产权流转不畅、资源无偿使用、资产权益失衡等诸多问题。唐茂林、李齐放（2004）③ 认为，我国自然资源管理在宏观层面存在效率低下、浪费严重、生产与消费结构不合理、污染严重等问题，在微观层面存在资源型企业竞争力差、社会负担重等问题。樊奇、刘恩举（2006）④ 认为，我国自然资源的双重所有权带来的实际产权与名义产权的矛盾，使市场机制无法在自然资源管理中正常运行，也无法优化配置自然资源，优化产权关系是解决我国自然资源领域市场失灵的当务之急。叶榅平（2012）⑤ 认为，我国自然资源立法存在立法理念和规范配置混乱的问题，如自然资源立法过分强调以行政手段管理和配置自然资源、自然资源权利界定不明确和不充分、缺乏有效的自然资源纠纷处理机制。李颖、熊熙宝（2013）⑥ 认为，我国自然资源存在不合理利用或盲目开发，所有权、行政管理权、经营开发权混淆不清，法律法规实施困难，资源浪费严重等问题。范振林（2018）⑦ 认为，分部门的管理体系产生了管理碎片化、目标差异化、权益多元化、空间重叠化、综合信息失真化等问题。冯聪、董为红（2019）⑧ 对自然资源管理政策进行了评估，认为自然资源管理政策存在评估体系不完善、主体缺乏独立性、信息不易获取等问题。李款、李发祥（2022）⑨ 对国家公园的自然资源管理问题进行了研究，指出国家公园的自然资源管理存在体制映射关系复杂、顶层设计不完善、权属不清晰等问题。

国内学者也探索了如何解决这些发展中的问题，其措施主要聚焦于管理体制改革。如程绪平（2000）⑩ 从国土资源管理的行政资源配置、行政决策管理、行政职能分工、

① 姜文来. 关于自然资源资产化管理的几个问题 [J]. 资源科学，2000，22（1）：5-8.
② 欧阳岚. 西部自然资源产权问题浅析 [J]. 江汉大学学报，2003，20（4）：77-79.
③ 唐茂林，李齐放. 当前我国自然资源管理问题分析 [J]. 经济与管理，2004，18（9）：33-34.
④ 樊奇，刘恩举. 我国自然资源领域中的市场失灵问题 [J]. 辽宁经济，2006（6）：62.
⑤ 叶榅平. 自然资源物权化与自然资源管理制度改革导论 [J]. 管理世界，2012（9）：178-179.
⑥ 李颖，熊熙宝. 自然资源管理与生态文明建设 [J]. 理论学习与探索，2013（5）：81-83.
⑦ 范振林. 新时代下国有自然资源资产管理概况 [J]. 国土资源情报，2018（5）：9-14.
⑧ 冯聪，董为红. 自然资源管理政策评估实践及完善研究 [J]. 国土资源情报，2019（10）：10-15.
⑨ 李款，李发祥. 我国国家公园自然资源管理探讨 [J]. 生物多样性，2022，30（1）：1-5.
⑩ 程绪平. 从结构角度看国土资源管理体制调整问题 [J]. 中国地质矿产经济，2000（1）：11-15.

行政管理关系、行政权力转移形式等方面提出了调整我国国土资源管理中行政结构关系的基本思路。于素花、黄波（2004）[①] 以水资源管理为例探讨了社区参与水资源管理的模式并进行了比较，提出在广大农村社区为了有效利用和管理水资源应推广的参与模式。刘世庆（2009）[②] 从创新生态发展模式和生态补偿政策、改革"分灶吃饭"财政体制、加强流域综合治理和生态安全等方面对地震灾区的自然资源管理提出了政策建议。曾晶、石声萍（2010）[③] 从边际机会成本 MOC 的构成出发，从自然资源利用与保护制度、环保制度与破坏修复制度、对自然资源环境有重大影响的产业准入制度以及非正式制度等方面，提出了若干促使自然资源计价体系能够客观反映出边际机会成本 MOC 的措施和建议，以期实现农村自然资源利用的良性循环。曹新（2015）[④] 认为，要从明确自然资源资产产权关系、加快推进自然资源价格改革、核算自然资源资产价值等方面完善自然资源产权制度。严金明、王晓莉、夏方舟（2018）[⑤] 提出，自然资源管理改革亟须注重"公平效率"、强调"永续利用"、融合"三资一体"、构建"有效市场"，切实重塑自然资源管理新格局。颜晗冰等（2020）[⑥] 对自然资源绩效管理及考核机制进行了探索，提出要进一步提高生态环境保护和治理的整体性与协同性。

部分学者提出通过市场化来解决自然资源的管理问题。如刘巍（2000）[⑦] 提出，自然资源管理的重点应放在微观企业上，强调加强自然资源的价值、价值组成及耗减的核算。马晓旭、杨军芳（2006）[⑧] 提出，只有从产权入手，加快自然资源市场化管理的步伐，通过自然资源的有效补偿、优化自然资源产权市场、加快自然资源立法、加强政府的宏观管理等才能从根本上解决自然资源利用中的严重问题。周波、于金多（2020）[⑨] 提出，对配置资产属性强的自然资源应强化市场机制的有效性。

① 于素花，黄波. 社区水资源管理及自然资源管理模式探讨 [J]. 水资源与水工程学报，2004，15（2）：40-43.

② 刘世庆. 汶川大地震灾后重建与自然资源管理政策探讨 [J]. 生态经济，2009（7）：180-186.

③ 曾晶，石声萍. 基于边际机会成本理论的农村自然资源管理制度选择分析 [J]. 贵州农业科学，2010，38（3）：214-217.

④ 曹新. 加快建立自然资源资产产权制度 [N]. 中国审计报，2015-10-21.

⑤ 严金明，王晓莉，夏方舟. 重塑自然资源管理新格局：目标定位、价值导向与战略选择 [J]. 中国土地科学，2018，32（4）：1-7.

⑥ 颜晗冰，宋青，田丹琦，朱晓东. 长三角区域自然资源绩效管理及考核机制初步研究 [J]. 环境保护，2020，48（8）：51-55.

⑦ 刘巍. 自然资源资产化管理初探 [J]. 湖北高等商业专科学校学报，2000，12（3）：27-29.

⑧ 马晓旭，杨军芳. 加快我国自然资源管理市场化的对策探讨 [J]. 生产力研究，2006（4）：163-165.

⑨ 周波，于金多. 我国自然资源资产收益分配的突出问题及改革路径 [J]. 辽宁大学学报（哲学社会科学版），2020，48（4）：39-46.

3. 自然资源管理体制的比较

国内部分学者对自然资源的管理体制进行了国际比较研究。王凤春（1999）① 对美国的自然资源管理体制进行了研究，认为美国运用市场手段进行自然资源保护和利用是其最大的特点。刘丽、张新安（2003）② 等研究了当代国际自然资源管理的大趋势，认为资源管理由分散走向综合、资源管理与资源产业管理理性结合、资源管理与生态管护协同发展、管理理念由传统走向现代是管理的四大趋势。周进生（2005）③ 对部分国家资源管理机构的设置、职能的履行和演进趋势进行了研究，提出了自然资源管理的三种模式，即集中管理、相对集中管理和分散管理。刘刚等（2011）④ 对印度、印度尼西亚、泰国等国家的以社区为基础的自然资源管理进行了研究，总结了以社区为基础的自然资源管理存在的问题和经验教训。周觅（2012）⑤ 从自然资源的总体情况、国民的资源意识、自然资源管理的法律法规、自然资源管理相关部门四个方面对中国和瑞典自然资源管理进行了比较分析。蔡华杰（2016）⑥ 对国外自然资源产权进行了剖析，认为国外自然资源产权存在自由市场环境主义和反自由环境主义两种路线。刘伯恩（2017）⑦ 总结了国家集中管理、私人管理和社区管理三种体制，提出了理顺自然资源资产管理体制、健全自然资源产权管理、提高社区的参与能力、加强自然资源监测监督方面的建议。宋马林、崔连标、周远翔（2022）⑧ 梳理了国际自然资源资产管理体制的三种模式，从国家安全视角下的多维自然资源管理体系和建立健全自然资源管理制度体系两个方面构建了我国自然资源管理体系。

4. 自然资源管理分析工具研究

随着对自然资源管理技术的要求越来越高，管理工具的选择正成为研究热点。彭

①　王凤春．美国联邦政府自然资源管理与市场手段的应用［J］．中国人口·资源与环境，1999，9（2）：95-98.

②　刘丽，张新安．当代国际自然资源管理的大趋势［J］．河南国土资源，2003（11）：28-30.

③　周进生．国外自然资源管理模式及选择动因分析［J］．国土资源情报，2005（2）：1-6.

④　刘刚，孔继君，韩斌，巩合德，娄延宝．国外以社区为基础的自然资源管理进展［J］．广东农业科学，2011（1）：254-255.

⑤　周觅．中瑞自然资源管理之比较［J］．湖南师范大学学报（社会科学版），2012（3）：31-34.

⑥　蔡华杰．自然资源：公有抑或私有？——国外关于自然资源资产产权的争鸣和启示［J］．探索，2016（1）：39-46.

⑦　刘伯恩．自然资源管理体制改革发展趋势及政策建议［J］．中国国土资源经济，2017（4）：18-21.

⑧　宋马林，崔连标，周远翔．中国自然资源管理体制与制度：现状、问题及展望［J］．自然资源学报，2022，37（1）：1-16.

新育、王力（1999）[①] 认为，自然资源管理充满不确定性，在引入 Bayes 方法的基本分析框架后，实例分析了该方法在渔业中的应用，强调信息的学习过程在自然资源管理中的意义，并按类似于风险态度的分类，引入了不确定性厌恶、不确定性中性和不确定性偏好等概念，阐述了其含义和在自然资源管理中的意义。雷新途、石道金（2007）[②] 运用会计学的理论分析方法，建立了生态产权会计的理论分析框架，并用其进行生态产权效率评价。熊振均（2008）[③] 利用西方经济学供需理论和边际分析工具对我国农地产权的宏观效率和微观效率进行了评价。彭皓玥（2008）[④] 提出了基于 Hopfield 网络的自然资源管理方法。王枫云（2009）[⑤] 提出了生态预算的内涵、特征及其运行程序，指出了在中国城市自然资源管理中推行生态预算的现实必要性。王晓霞（2011）[⑥] 运用获益能力理论建立了现实情境中诸多资源产生的利益分配不公问题的理论框架，并把其作为资源政策分析工具。肖强等（2012）[⑦] 运用博弈论的方法研究了参与式自然资源管理问题，认为不同群体会根据其预期净收益的不同，在博弈过程中有不同的选择倾向，选择不同的发展模式，并论证了实验室发展模式是非均衡性博弈，只有参与式资源管理模式才能增强农民的预期净收益，才会实现协同性博弈。薛山（2013）[⑧] 设立了海洋资源产权价值流失测度的原则、范围，建立了海洋资源产权价值流失测度的流程，构建了海洋资源产权价值流失测度模型，对海洋资源产权价值进行了评价。王俐、陶小马（2016）[⑨] 运用 VRS-DEA 模型和 Malmquist 指数模型对珠三角城市效率进行了评价，认为考虑自然资源要素的城市效率评价体系更合理。

5. 自然资源管理制度创新

党的十八届三中全会以后，生态文明制度体系建设成为推动生态文明建设的主

① 彭新育，王力. 不确性条件下自然资源管理的 Bayes 方法 [J]. 西南师范大学学报（自然科学版），1999，24（3）：343-340.

② 雷新途，石道金. 生态产权会计：一个理论分析框架 [J]. 财经论丛，2007（5）：58-64.

③ 熊振均. 我国农地的产权效率分析 [J]. 经济论坛，2008（5）：129-131.

④ 彭皓玥. 自然资源约束下的我国资源型区域可持续发展研究 [D]. 天津：天津大学，2008.

⑤ 王枫云. 生态预算：推进城市自然资源可持续利用的新型政府工具 [J]. 广州大学学报（社会科学版），2009，8（5）：29-31.

⑥ 王晓霞. 获益能力理论及其在自然资源管理领域的应用 [J]. 生态经济，2011（9）：46-50.

⑦ 肖强，孙凡，马生丽，向冲. 参与式自然资源管理的博弈论分析 [J]. 重庆文理学院学报（自然科学版），2012，31（6）：82-85.

⑧ 薛山. 填海造地的海洋资源产权价值流失与测度研究 [D]. 青岛：中国海洋大学，2013.

⑨ 王俐，陶小马. 基于自然资源要素的珠三角城市效率评价研究 [J]. 中国人口·资源与环境，2016，26（S2）：114-118.

要手段,实践的需要倒逼理论创新,围绕生态文明制度体系的学术研究主要集中在以下领域:一是对自然资源资产管理改革的探索。程绪平(2000)① 在分析国外自然资源管理体制演变趋势和我国国土资源特点的基础上,从国土资源管理的行政资源配置、行政决策管理、行政职能分工、行政管理关系、行政权力转移形式等方面提出了我国国土资源管理中行政结构关系调整的基本思路。郑晓曦、高霞(2013)② 从科学定价、明晰产权、管理方式创新、法制建设等方面提出了完善自然资源管理制度的建议。黄小虎(2014)③ 对自然资源管理的机构设置进行了研究,认为进行自然资源管理改革的关键在于解决所有权与管理权不分的问题,需要破除部门分割的管理体制。田贵良(2018)④ 认为,应通过建立有偿使用制度、使用权确权及市场交易制度、损害补偿机制和代际配置管理等经济手段来对自然资源实施监管。李兆宜、苏利阳(2019)⑤ 提出了绩效导向的自然资源资产管理与改革。周玉、邹朝辉(2021)⑥ 对全民所有自然资源资产管理的考核评价机制与方法进行了研究,提出了构建全民所有自然资源资产管理考核评价机制和方法的思路。

二是对自然资源离任审计制度的研究。蔡春、毕铭悦(2014)⑦ 认为,自然资源资产离任审计是环境审计与经济责任审计深度融合的产物,是一项具有中国特色的自然资源资产监管制度,他们提出了构建自然资源资产离任审计理论体系的十大关键性问题。陈波(2015)⑧ 认为,自然资源资产离任审计在经济责任界定方面需要重视对于领导干部资产管理职责履行情况的评价,解决好产权界定的外部性因素所造成的经济责任难以区分的问题。徐豪萍(2015)⑨ 认为,自然资源资产离任审计的根本目标是维护自然资源资产的产权,并从自然资源资产的产生动因、存在的问题、解决方案等方面

① 程绪平.从结构角度看国土资源管理体制调整问题[J].中国地质矿产经济,2000(1):11-15.
② 郑晓曦,高霞.我国自然资源资产管理改革探索[J].管理现代化,2013(1):7-9.
③ 黄小虎.把所有者和管理者分开:谈对推进自然资源管理改革的几点认识[J].红旗文摘,2014(5):20-23.
④ 田贵良.新时代国有自然资源资产监管体制改革的经济学逻辑[J].甘肃社会科学,2018(2):237-243.
⑤ 李兆宜,苏利阳.绩效导向的自然资源资产管理与改革[J].中国行政管理,2019(9):29-35.
⑥ 周玉,邹朝辉.全民所有自然资源资产管理考核评价机制与方法研究[J].上海国土资源,2021,42(1):90-94.
⑦ 蔡春,毕铭悦.关于自然资源资产离任审计的理论思考[J].审计研究,2014(7):3-9.
⑧ 陈波.论产权保护导向的自然资源资产离任审计[J].审计与经济研究,2015(5):15-23.
⑨ 徐豪萍.浅谈自然资源资产离任审计:基于产权角度[J].商,2015(8):115-116.

探讨了自然资源资产离任审计。水会莉、耿明斋（2018）[①] 对自然资源离任审计中的自然资源资产公共受托责任归集不畅、管理效果评价困难、审计标准不明确等问题进行了深入分析，并提出了优化方法。王树锋、丁洋（2022）[②] 构建了自然资源资产离任审计质量指标体系，为审计质量评价提供了方法。

三是对自然资源资产的核算和自然资源资产负债表的编制。姚霖、余振国（2015）[③] 认为，探索编制自然资源资产负债表是我国生态文明制度建设的重要内容，自然资源资产负债表在计量假设、核算路径、配套制度建设等方面同"环境经济综合核算"与"国家资产负债表"存在差异，提出了"先单项再综合，先实物量后价值量，先存量再流量，先试点后推广"的技术路线。陈艳利、弓锐、赵红云（2015）[④] 认为，自然资源资产负债表的编制存在难点与约束，需在理论基础、关键概念和框架体系层面凝聚共识，并对编制自然资源资产负债表的基本框架进行了探索。赖敏等（2020）[⑤] 归纳总结了编制海洋资源资产负债表的关键问题和前提条件，提出了"资源家底账""生态损益账""管理绩效账"三大账本的核算体系。李雪敏（2021）[⑥] 对国内外编制自然资源资产负债表的相关理论研究及实践探索进行了梳理，提出了价值量核算是编制自然资源资产负债表的关键。

（二）研究述评

1. 研究成果逐渐增多，学术深度不断拓展

国内对自然资源管理的研究始于 20 世纪 80 年代中后期，由于社会主义市场经济的构建和逐步完善引发了学术界对自然资源管理体制的探索，研究领域从国外管理体制的系统介绍逐步拓展到结合政治体制改革深入研究管理框架，尤其是自 2010 年以后，随着资源环境对经济发展的制约加剧，管理创新和政策需求不断加大，生态文明建设上升为国家战略，制度体系和政策探讨成为热点。这期间相继出现了在国内外具有一定影响力的机构、学者和论著，夯实了学术研究的基石。在机构方面，

---

① 水会莉，耿明斋. 党政领导干部自然资源资产离任审计的机理与实施路径——基于试点区域实施困境的分析 [J]. 兰州学刊，2018（8）：186-196.

② 王树锋，丁洋. 自然资源资产离任审计质量评价研究 [J]. 会计之友，2022（5）：42-47.

③ 姚霖，余振国. 自然资源资产负债表基本理论问题管窥 [J]. 管理现代化，2015，35（2）：121-123.

④ 陈艳利，弓锐，赵红云. 自然资源资产负债表编制：理论基础、关键概念、框架设计 [J]. 会计研究，2015（9）：18-26.

⑤ 赖敏，潘韬，蒋金龙，谢敏. 海洋资源资产负债表研究进展及其应用展望 [J]. 环境保护，2020，48（Z2）：75-79.

⑥ 李雪敏. 自然资源资产负债表的理论研究与实践探索 [J]. 统计与决策，2021（21）：14-19.

主要有中国科学院地理科学与资源研究所、北京师范大学、南京农业大学、中国人民大学、云南师范大学等。有重要影响力的学者包括中国人民大学的马中、沈大军，中国地质大学的王安佑、沙景华，中国科学院地理科学与资源研究所的潘家华、张文忠，中国自然资源经济研究院的石吉金，北京师范大学的潘浩然、刘学敏，南京农业大学的曲福田、欧名豪，云南师范大学的武友德等。此外，中国农业科学院农业资源与农业区划研究所的姜文来、西南财经大学的刘灿、浙江农林大学的程云行、清华大学的崔建远、外交学院的潘皞宇等均对自然资源产权进行过系统的研究。具有代表性的论著包括《我国自然资源产权制度构建研究》①、《我国矿产资源产权及权益分配制度研究》②、《自然资源权体系及实施机制研究：基于生态整体主义视角》③、《自然资源使用权制度研究》④、《资源资产论》⑤、《自然资源资产化管理：可持续发展的理想选择》⑥、《风景名胜资源产权的经济分析：以自然旅游地为例》⑦、《流动产权的界定：水资源保护的社会理论》⑧、《环境经济与政策：理论及应用》⑨、《中国的环境治理与生态建设》⑩、《农村发展中土地资源保护机制》⑪ 等。

2. 研究规模不断壮大，研究质量不断提升

从数量来看，相关研究的学术论文、学位论文不断增多。在中国知网（CNKI）数据库以"自然资源产权"为主题对 2005～2020 年的学术论文进行检索，2005 年有 17 篇，2020 年增长到了 56 篇（见图 1-1）。

以"自然资源管理"为主题对 2005～2020 年的学术论文进行检索，2005 年有 112 篇，2020 年增加到 204 篇，硕博士学位论文则从 2005 年的 3 篇增加至 2019 年的 10 篇（见图 1-2）。

① 刘灿. 我国自然资源产权制度构建研究［M］. 成都：西南财经大学出版社，2009.
② 潘皞宇. 我国矿产资源产权及权益分配制度研究［M］. 北京：法律出版社，2014.
③ 刘树德. 自然资源权体系及实施机制研究：基于生态整体主义视角［M］. 北京：法律出版社，2016.
④ 黄萍. 自然资源使用权制度研究［M］. 上海：上海社会科学院出版社，2013.
⑤ 姜文来，杨瑞珍. 资源资产论［M］. 北京：科学出版社，2003.
⑥ 钱阔，陈绍志. 自然资源资产化管理：可持续发展的理想选择［M］. 北京：经济管理出版社，1996.
⑦ 胡敏. 风景名胜资源产权的经济分析：以自然旅游地为例［M］. 武汉：武汉大学出版社，2011.
⑧ 陆益龙. 流动产权的界定：水资源保护的社会理论［M］. 北京：中国人民大学出版社，2004.
⑨ 马中. 环境经济与政策：理论及应用［M］. 北京：中国环境科学出版社，2010.
⑩ 潘家华. 中国的环境治理与生态建设［M］. 北京：中国社会科学出版社，2015.
⑪ 曲福田. 农村发展中土地资源保护机制［M］. 北京：科学出版社，2014.

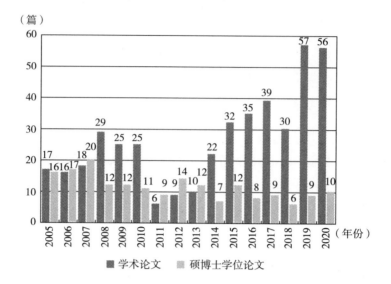

图 1-1 2005~2020 年以"自然资源产权"为主题的检索结果

资料来源：笔者自行绘制。

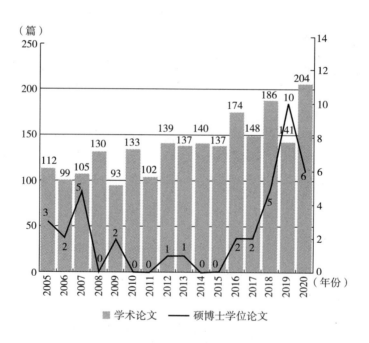

图 1-2 2005~2020 年以"自然资源管理"为主题的检索结果

资料来源：笔者自行绘制。

从研究质量来看，体现在高层次的研究项目（主要集中于国家社会科学基金项目）越来越多，2013~2021 年部分自然资源管理类国家社会科学基金项目获准情况如表 1-1 所示。

表 1-1 2013~2021 年部分自然资源管理类国家社会科学基金项目获准情况

年份	课题名称	主持人	所在省份	工作单位	课题类别
2013	自然资源产品取得权研究	王社坤	北京	北京大学	青年项目
2014	资产管理和用途管制分离视角下的自然资源权利义务研究	杨士龙	云南	昆明理工大学	西部项目
2014	编制自然资源资产负债表与生态环境损害责任终身追究制度研究	孙宝厚	北京	中华人民共和国审计署	重点项目
2014	生态文明建设与自然资源法制创新研究	叶知年	福建	福州大学	重点项目
2015	基于少数民族传统文化的社区自然资源可持续管理研究	彭声静	云南	昆明学院	西部项目
2015	自然资源国家所有权的行使研究	施志源	福建	福州师范大学	青年项目
2015	自然资源资产负债表编制及新常态下资源利用与保护的绩效评价研究	李春友	广西	广西财经学院	青年项目
2015	基于流域生态系统管理的自然资源资产负债表编制与应用研究	唐勇军	江苏	河海大学	一般项目
2015	自然资源资产负债表编制研究	胡文龙	北京	中国社会科学院工业经济研究所	一般项目
2015	健全自然资源国家所有权行使制度研究	叶榅平	上海	上海财经大学	一般项目
2015	三江源自然资源保护之社区参与行动研究	范长风	上海	华东师范大学	重点项目
2015	我国区域自然资源生态补偿的机制、模式与政策保障体系研究	李国志	浙江	丽水学院	重点项目
2015	生态文明建设背景下自然资源治理体系构建：全价值评估与多中心途径	赵敏娟	陕西	西北农林科技大学	重大项目
2015	自然资源权利配置研究	屈茂辉	湖南	湖南大学	重大项目
2015	我国自然资源资本化及对应市场建设研究	张伟	山东	济南大学	重大项目

年份	课题名称	主持人	所在省份	工作单位	课题类别
2015	我国自然资源资本化及对应市场建设研究	刘纪鹏	北京	中国政法大学	重大项目
2015	基于自然资源资产负债表系统的环境责任审计研究	杨世忠	北京	首都经贸大学	重大项目
2015	国有自然资源使用权配置研究	王克稳	江苏	苏州大学	重点项目
2015	我国自然资源资本化市场建设的政策体系构建研究	严立冬	湖北	中南财经政法大学	重点项目
2015	新环境下的自然资源资产审计与环境责任审计研究	耿建新	北京	中国人民大学	重点项目
2015	基于产权效率的国家自然资源资产管理体制研究	裴玮	四川	四川建筑职业技术学院	青年项目
2016	自然资源用途管制法律制度创新研究	李祎恒	江苏	河海大学	青年项目
2017	清代西南边疆自然资源产权制度与生态治理模式演变研究	董雁伟	云南	云南大学	西部项目
2017	农村地区自然资源产权建构与环境治理研究	胡亮	江苏	河海大学	一般项目
2017	供给侧结构性改革视域下的自然资源核算及管理创新研究	李玉文	浙江	浙江财经大学	一般项目
2018	绿色发展理念下自然资源利用权体系研究	林旭霞	福建	福建师范大学	一般项目
2019	自然资源资产收益分配的合意性测度与靶向性研究	夏慧琳	江苏	南京财经大学	青年项目
2019	我国权属制度下自然资源价值量核算研究	乔永波	河南	郑州轻工业大学	一般项目
2020	自然资源利用的权利体系研究	李国强	辽宁	大连海事大学	重点项目
2020	利益平衡视野下自然资源管制性征收制度研究	李敏	湖南	中南林业科技大学	一般项目
2020	中国特色自然资源资产产权制度体系研究	姜广辉	北京	北京师范大学	重大项目
2021	自然资源资产负债核算估价方法及应用研究	张卫民	北京	北京林业大学	一般项目

年份	课题名称	主持人	所在省份	工作单位	课题类别
2021	国土空间开发保护中自然资源财产权公益限制与补偿研究	胡大伟	浙江	浙大城市学院	一般项目
2021	生态文明视域下自然资源统一确权登记制度研究	韩英夫	辽宁	辽宁大学	青年项目

资料来源：笔者根据相关资料整理得出。

3. 学科交叉融合趋势显现

自然资源资产管理是经济社会发展的综合表现，既与当前的经济发展阶段相关，也与国家行政体制相关，所表现出的形态和影响复杂多样。学术界对于该领域的研究跨度非常大，不局限于行政管理学和法学的学科框架，还涉及经济学、民族学、哲学、管理学、资源科学等。在研究方法方面，学者采用的研究方法逐渐从单一趋于多元，规范分析和实证分析同在，归纳分析和演绎分析并存，定性分析和定量分析都有所使用。在研究理论方面，各学科相关理论都在自然资源资产管理的研究中有所借鉴和应用，研究深度得到不断提高。

4. 研究不足分析

从研究视角来看，当前学术界多从管理学、政策分析的视角，停留在现状描述层面，采取问题导向的范式，对自然资源资产管理的问题和走向进行研究，尚欠缺从产权效率视角研究自然资源资产管理体制问题。

从研究深度来看，对自然资源资产管理的认识和理解散乱化、碎片化、浅表化，一些学者提出了改革的必要性和现实性，也有学者提出了改革的方向，有的学者借鉴了国外的先进经验，更多的学者则是从我国的国情出发，但是对于为什么改革、从哪方面改革、改革的关键环节是什么等问题少有梳理，系统性和原创性理论少，滞后于改革的现实需要。

从研究方法来看，当前的研究定性分析多，量化分析少，系统性研究不多，且方法单一、不成熟。

第三节　本书的创新点

一、理论创新

本书对自然资源资产的产权效率进行了内涵解释，对自然资源资产产权效率的特征、运行规律进行了分析，从权能分布来看，包括自然资源的所有权效率、自然资源的经营权效率和自然资源的使用权效率。从属性来看，自然资源资产产权效率包括经济效率、生态效率和社会效率。

本书构建了自然资源资产产权效率的理论分析框架，提出了产权效率的成本结构理论。本书认为，对同一资源而言，不同的制度设计具有不同的成本结构，它们的相互组合方式及彼此影响会产生不同的产权效率，产权的成本结构是由社会制度成本、管理运行成本和主体承受成本构成的，并对每种成本的内涵与组成、影响产权效率的方式进行了分析。

本书认为，自然资源资产产权与自然资源资产管理体制是一对内涵不同但又相互联系的概念。产权是自然资源资产管理的内在属性，产权不清晰就无从谈及自然资源资产管理，自然资源资产管理体制要以自然资源产权制度为前置条件。同时，自然资源产权反映的是在某种社会经济制度下自然资源本身的经济体现，强调的是市场规则，而自然资源资产管理体制则是自然资源资产的管理需求，反映的主要是政府规则。基于此逻辑，本书提出了制度创新与产权效率的传导机制，认为制度创新与产权效率具有激励相容性，建立了激励相容的理论分析模型，并提出了激励相容是提升产权效率的动力机制。

本书提出了自然资源产权制度的双效率生命周期假说。自然资源产权制度存在资源边际生产效率和产权的制度效率两种生命周期。资源边际生产效率呈现先递增后衰减的变化周期，导致资源的边际单位成本呈现先递减后递增的变化周期；产权制度的交易成本降低滞后于资源边际生产效率的衰减。而双效率生命周期形成的根本原因是制度刚性引起资源生产效率降低，进而对原有的利益主体带来影响，加速了制度创新进程，而制度变迁又引起利益格局重组，两种效率周期相互影响形成联动，但两者具有不等价性。

二、方法创新

本书构建了自然资源资产产权效率评价模型，构建了 11 个产出指标和 8 个投入指标，从实物量的角度对自然资源产权效率进行了评价。在方法上，依据投入产出指标体系运用数据包络分析法进行自然资源资产配置效率测算，计算出自然资源资产产出的综合效率，再将测算出的自然资源资产综合效率进行分解，运用 Malmquist 模型分解出规模效率和产权效率。

本书对 2015~2021 年全国各省份自然资源资产产权效率进行了测算，认为我国整体生态文明制度越来越完善，现代化的自然资源管理体制逐步构建，使我国自然资源资产配置效率得到了明显提升，反映出自然资源资产综合效率逐步提升，但产权效率省份之间差异较大。自然资源产权效率与经济发展程度并没有呈明显的正相关关系，而与产业结构、经济增长动力、技术水平、生态保育情况的关系更为直接。

三、观点创新

一是梳理了世界发达国家自然资源资产管理体制的经验、做法与趋势。总结了发达国家自然资源资产管理存在的三种模式，分析了发达国家的自然资源资产管理政策。本书认为，自然资源实行国家所有或成为公共资产已成为世界各国的共同发展趋势，自然资源使用和开发经营具有共同的所有权基础。

二是对我国自然资源资产管理进行了分期研究，从初步建立、体制重构、持续推进、全面深化四个阶段进行特点总结。本书结合模型测算分析，提出了自然资源资产管理制度框架设计、法律体系优化、政策工具创新和建立问责机制、自然资源监管工作机制、新型公众参与机制三大机制方面的制度优化路径。本书认为，当前我国自然资源资产产权效率分为三种类型：第一类是由于经济体量大和产业结构轻型化引起的自然资源配置效率实现 DEA 有效，具有较高的自然资源产权效率；第二类是纯技术效率高于规模效率，这些省份的自然资源资产产权效率相对于规模效率而言存在效率剩余；第三类是纯技术效率低于规模效率，虽然资源本底规模丰富且规模效率对配置效率具有正向效应,但是并未增加相应的资源产出,存在管理体制上的技术性浪费,产权效率较低。

三是采取分类型和分省份相结合的方式,对不同类型自然资源产权制度的问题进行了研究,对党的十八届三中全会以后各省份推进自然资源资产管理体制改革中的进展、问题进行了研究,并提出了具有针对性的政策建议,包括协调处置保护区和矿业权重叠问题、开展草原"三权分置"、建立自然资源资产分类标准体系等。

第二章　理论基础与范畴界定

第一节　核心范畴界定

一、自然资源

（一）自然资源的概念和内涵

从经济学的角度来看，自然界和人类社会中一切能为人类形成资财的要素都可以称为资源①。它既包括来自自然界的自然资源，如土地、水、矿产等，还包括来自人类社会的经济、技术、管理资源（也叫作生产资源或经济资源），两者的主要区别在于前者是自然形成的，没有投入劳动力于其中，而后者则是人类劳动的结果。这也决定了两类资源的价值决定和产权效率评价有所差异。本书的研究范围仅限于自然资源。

自然资源的提出由来已久，定义颇多。地理学家金梅曼（Zimmermann，1951）较早就给自然资源进行了较完备的定义，其在《世界资源与产业》一书中对自然资源进行了科学解释，认为"无论是整个环境还是其某些部分，只要它们能（或被认为能）满足人类的需要，就是自然资源"②。

《不列颠百科全书》认为，自然资源是人类可以利用的自然生成物及生成这些成分

① 汪安佑. 资源环境经济学 [M]. 北京：地质出版社，2005.
② 蔡运龙. 自然资源学原理 [M]. 北京：科学出版社，2008.

的源泉的环境功能。前者如土地、水、大气、岩石、矿物、生物及其群集的森林、草场、矿藏、陆地、海洋等；后者如太阳能、环境的地球物理机能（气象、海洋现象、水文地理现象），环境的生态学机能（植物的光合作用、生物的食物链、微生物的腐蚀分解作用等），地球化学循环机能（地热现象、化石燃料、非金属矿物的生成作用）等。

1970 年联合国对自然资源的定义指出，人在其自然环境中发现的各种成分，只要它能以任何方式为人类提供福利，都属于自然资源。1972 年，联合国环境规划署对有关概念进行了拓展，指出自然资源是指在一定的时间和技术条件下，能够产生经济价值、提高人类当前和未来福利的自然环境因素的总称。

《辞海》认为，自然资源是天然存在并有利用价值的自然物（不包括人类加工制造的原材料），如土地、矿藏、水利、生物、海洋等资源，是生产的原料来源和布局场所。也有人认为，自然资源是在现有的生产力发展水平和研究条件下，为了满足人类的生产和生活需要而被利用的自然物质和能量。

从以上的不同概念来看，自然资源至少包括以下内涵：

第一，自然资源既是天然生成物，又受人类认知活动和能动作用的影响。自然资源是天然生成物，不是人类有意识创造出来的，这是自然资源区别于人力资源、经济资源的最根本特征。自然资源在不同的时空范围内为人类提供了赖以生存的能量和条件，是人类社会存在和发展的物质基础。同时，自然资源的开发利用活动受到人类社会认知的影响，随着科学技术的进步，自然资源的类型、品位、数量、范围、规模等不断扩大，对自然资源的保护、抚育等活动也不断更新，人类不断投入体力和脑力劳动于其上，自然资源已经不再是单纯的天然生产物，而是自然力和人类活动共同作用的结果。

第二，自然资源既可以直接被人类利用，也可以经人类改造后被开发利用。自然资源的价值既与稀缺程度有关，也与投入人类劳动的程度和强度有关，不能根据其现在是否对人类社会有经济价值来判断其是否是自然资源。有的自然资源虽然没有投入人类劳动，但其非常稀缺，价值固然较高，而有的自然资源虽有大量的人类劳动投入，但禀赋较多，价值反而可能较低，其价值必须考虑这两个方面的因素。

第三，一种物质能够成为自然资源，必须满足三个条件：具有使用价值、人类可以开发利用和受人类的认知水平影响。具有使用价值是自然物成为自然资源的首要条件，是自然资源的天然属性。只有当其能够满足人类社会某种需要的时候，这种"有用性"才能成为现实生产力的基础。没有使用价值、对人社会没有任何作用的东西，哪怕其稀缺且投入了人类劳动，也不能称其为自然资源，也就没有价值。人类的开发利用能力是形成自然资源的社会条件，自然资源的利用深度、范围、用途等都会随着人类开发利用能力的变化而变化，一些对人类社会非常有用但无法开发利用的物质不能称为自然资源，而一旦人类技术能力得以突破，原本无法利用的物质就会转变为自然资源。人类社会的宗教信仰、风俗习惯等也对自然资源有重要影响。因此，自然资源不仅有经济属性、自然属性，还有其社会属性和文化属性。

基于以上认识，本书认为，自然资源是自然界中存在的、在一定的社会经济条件下能够被人类社会所利用并为之带来价值的天然存在物，以及作用于其上的劳动成果。

有必要对自然资源与生态、环境和能源做出区分。所谓生态，是指一切生物的生存状态，以及它们之间、它们与环境之间环环相扣的关系，学术界常常用生态系统这一说法，其主要讨论的是生物圈的生产者、消费者、还原者和非生命物质之间的物质能量循环与有机联系[1]。生态系统的稳定和持续要以自然资源禀赋为基础，生态系统的紊乱必然造成自然资源的耗散，生态系统的健康运行又会增加资源的供给，自然资源为生态系统提供了物质条件，而生态系统本身也与自然资源有部分重叠，如生态系统中的生物资源就是自然资源的一部分。

环境有狭义和广义之分。狭义的环境特指自然环境，是指人类周围存在的所有客观存在物[2]；广义的环境还包括社会环境、人文环境、经济环境等。自然环境是自然资源的载体，没有自然环境，自然资源就不复存在，没有自然资源，自然环境也就成为一个空壳。任何一种自然资源都必须依附在一定的自然环境下，二者是内容与载体的关系。

能源是指向自然界提供能量转化的物质[3]。自然资源中有的可以为人类社会提供能量（如矿产、水等），有的则不能（如土地、森林等）。那些可以提供能量的自然资源，其使用中释放出来的物质就是能源，但能源并不是全部来自自然资源。因此，二者的关系是：自然资源是部分能源的依附对象，能源则是这类自然资源使用的结果。

①　韩威. 生态经济［M］. 北京：人民出版社，1994.
②　张丽萍. 自然资源学原理［M］. 北京：科学出版社，2009.
③　刘涛，顾莹莹，赵由才. 能源利用与环境保护［M］. 北京：冶金工业出版社，2011.

另外，随着科技的进步，能源是可以被发明的，如清洁能源，而自然资源则是被发现的。本书的研究主要集中在自然资源的范围内，其中对矿产资源、海洋资源等的研究可能会涉及能源范畴，但这不是本书的主要任务和研究重点。

（二）自然资源的性质

1. 有限性

自然资源广泛分布在地下一定深度以及地表大气层中，这是一个有限的空间，这一空间内承载的资源也是有限的。自然资源并非取之不尽、用之不竭，任何自然资源在有限的时空范围内，其数量都是相对稳定的，并且随着人类社会的需求增长会逐渐被消耗掉。例如，矿产资源，其形成既需要特定的地质条件，还需经过漫长的物理、生化作用，其蕴藏量基本上是恒定的，如不加以有效利用势必会被消耗殆尽。再如，土地资源和水资源在地表的面积和数量基本恒定，虽然科学技术进步会增加这些资源的存量，但相对于经济社会发展需求而言仍然滞后，需求仍然大于供给。

同时，自然资源在全球的空间配置是不均衡的，这种自然资源的空间不均衡造成了资源与经济社会发展的错配，发达国家对资源的需求远大于自身供给，资源的有限性造成了贸易产生的可能性，也带来了局部冲突的隐患。

2. 整体性

各类自然资源不是孤立存在的，而是相互联系、相互制约的，从而形成了有机而复杂的系统。不同类型的自然资源相互提供支撑和存在的可能，山、水、林、田、湖是统一的生命共同体。不同类型的自然资源在形成方式、存在形式、性质等方面具有较强的关联性。例如，土地资源的肥沃程度对森林资源、草原资源等的质量具有决定作用。这就决定了自然资源需要综合开发与利用。

自然资源的整体性还意味着不同类型的自然资源间具有相互制约关系。某种自然资源的开发利用方式影响着其他自然资源的使用效率。我国长期实施退耕还林制度，这在客观上刺激了土地资源和森林资源的可持续利用，改善了全国的生态环境质量，体现了自然资源的整体性特点。

3. 动态性

自然资源的形成需要经历漫长的过程，其存在形式也随时间的推移而发生变化。石油、天然气、矿产等自然资源的形成均经历了漫长的过程，即便是水、土地等非生物化石资源的形成也是在若干地质变迁的进程中形成的。自然资源也不是形成之后就一成不变的，而是随着时间的推移而不断演化的。例如，世界水资源的数量、分布和质量随着技术的进步与需求的增加正在呈衰减趋势。人类活动如对森林的过度采伐及不合理垦殖使水土流失加剧、沙漠化日趋严重等，这些问题相互关联、相互影响，引起全球变暖、大气环流受到干扰、气候异常，从而使一些国家和地区降水过多，出现洪涝灾害，而另一些国家和地区则会连年干旱、水资源匮乏，甚至引起生态退化，导致区域水文循环过程的永久性变异。

同时，自然资源的范围会随着社会条件的改变而扩大。从人类社会诞生之时利用土地资源进行农业生产到工业革命时期科技进步带来以"淘金热"为标志的矿产资源开发，再到遥感技术的不断发展，人类可以充分利用气象资源，每一次人类技术的进步都带来了自然资源利用方式的优化，也深刻改变着自然资源的范畴。

4. 区域性

从全球来看，自然资源的分布是不均的，在自然资源的数量和质量上均有明显的地域差异，有着特殊的分布规律。水资源呈现流域特征，森林资源和草原资源具有地带特征，矿产资源有成矿带。这就决定了自然资源的开发利用、保护和管理必须因地制宜，没有放之四海而皆准的模式。以我国为例，我国大部分水资源分布在西南地区，已开发利用的水资源集中在长江、黄河和珠江的上游；而土地资源大部分集中在西部地区。这与经济社会发展的空间布局极不匹配，资源错配问题较突出，这也是造成我国人地关系紧张的重要原因。

5. 多功能性

自然资源具有多重功能，首先，其基本功能是为人类提供赖以生存和发展的资源基础，是人类获取物质资料和产品的基本来源，对社会经济发展水平和质量起着决定性作用。自然资源的合理利用不仅可以产生巨大的经济价值，还关系着国民经济安全。其次，自然资源具有社会功能。人类与自然资源的关系具有社会伦理道德属性，国家政策的引导和全社会对自然资源的态度不一，会形成不同的社会观念，进而影响人类对待自然资源的方式和方法，还会引起代际不公等诸多社会问题。最后，自然资源具有生态功能。自然资源的生态功能是与生俱来的，它既是人类社会生产活动改造的对象，更是人类栖身立命之本，其面临的开发与保育的矛盾也是经济社会发展与生态环境保护的主要矛盾。

（三）自然资源的种类

自然资源可以有不同的划分方式：一是按照资源利用限度，可以分为可更新资源和不可更新资源。可更新资源又叫可再生资源，它取之于自然界，受天然作用再生更新，从而被人类反复利用，如植物、微生物、水资源、地热资源和各种自然生物群落、森林、草原、水生生物等。不可更新资源又叫不可再生资源或非再生资源，是指经人类开发利用后，在相当长的时期内不可能再生的自然资源，如矿产资源、土壤资源等。应当注意的是，可更新（可再生）资源与再生资源有显著区别，再生资源本身是不可更新的，它是被人类社会生产生活使用过一次并报废后，经回收加工并再次使用的物质资源，它不限于自然资源，还包括钢铁、有色金属、塑料、纸张等产品。

二是按照资源的固有属性，可以分为耗竭性资源和非耗竭性资源。耗竭性资源是指人类开发利用后其存量逐渐减少以致枯竭的自然资源，这类资源既有可更新的，如生物资源，也有不可更新的，如矿产资源。非耗竭性资源是指人类可以不断使用、循环利用，存量不会减少的资源，如气候资源等。

三是按照圈层特征，可以分为土地资源、矿产资源、海洋资源、森林资源、水资源、草原资源等单体资源。

应当说明的是，自然资源与能源是一对相互关联但又相互区别的概念。自然资源是人类可以直接从自然界获得并用于生产和生活的物质，这种物质和能量必须满足两个条件：一是直接从自然界获得，二是能够用于生产和生活。而能源是能够提供某种形式能量的物质或物质运动，这种物质或物质运动必须提供某种形式的能量。自然资源不全是能源，因为有的自然资源能够提供能量，而有的资源不能提供能量，例如，阳光是资源，也是能源，而耕地、矿石是自然资源却不能直接提供能量，因此不是能源。

从以上分类中可以看出，按照不同分类标准划分的资源种类有部分重叠，从研究目的及管理的现实需要出发，本书所研究的自然资源主要包括土地资源、水资源、矿产资源、海洋资源、森林资源和草原资源。

二、自然资源资产

资产是会计学中的一个基本概念，它是指由企业过去的交易或事项形成的、由企业拥有或者控制的、预期会给企业带来经济利益的资源，可分为流动资产、长期资产、固定资产、无形资产和其他资产等。按照这一概念，资产有三大特征：一是由过去的交易所形成的；二是由所有者拥有或控制；三是能够带来经济利益。

自然资源资产既具有资产的共性，也具有其特性。第一，自然资源资产不是由过去的交易所形成的，而是天然存在的，既可以是未经人类劳动开发的自然资源，也可以是经过人类劳动开发的自然资源。第二，自然资源资产必须要明确所有者，即产权归属必须明确。在我国，自然资源所有权主体有国家和集体之分，这也就导致我国自然资源资产管理体制上的复杂性。第三，自然资源资产能够给所有者带来价值，需要指出的是，自然资源资产的价值不仅体现在经济价值上，也可能是给所有者带来社会价值和生态价值，这也是自然资源资产与其他资产的重要区别。第四，自然资源资产具有实物形态和价值形态，因此，其计量方式可以以实物形态统计和以货币方式计量。第五，自然资源资产具有公共物品特征，其价值补偿具有不完全性，有的可以通过技术、货币等方式补偿，有的则完全不能补偿。第六，所有权主体复杂性。在现代社会，自然资源的所有制形式越来越趋向公有制，表现为国家所有，但国家对自然资源资产的开发利用受到严格限制，国家实际上只是所有者，而实际使用者仍为大众群体。第七，福利享受不均衡性。人们对自然资源的福利享受因时间、距离等客观条件的不同而不同，当代人总是比下代人更有机会享受现有的自然资源资产；对水、土地、森林等生存必备自然资源资产，接近资产所在地的人总是比远离资产所在地的人更容易得到资源资产福利。

综上所述，自然资源资产是天然生成的，具有明确的产权归属，能够交易并为所有者带来经济价值、社会价值和生态价值的自然资源。自然资源资产是自然资源的一部分，并非所有的自然资源都是资产。自然资源成为自然资源资产必须具备三个条件：一是稀缺性；二是所有权已经被明确界定；三是能够为所有者带来价值，且这种价值可以用货币来衡量。

由于自然资源可以按照不同方法进行分类，自然资源资产也有不同的分类体系。比如，按开发利用的目的，自然资源可分为农业自然资源、工业自然资源、旅游自然资源、医疗自然资源，等等。同样地，自然资源资产也可以划分为农业自然资源资产、工业自然资源资产、旅游自然资源资产、医疗自然资源资产，等等。按存量数量和实体形态的变化情况，自然资源可分为耗竭性自然资源和非耗竭性自然资源，相应地，自然资源资产也可以划分为耗竭性自然资源资产和非耗竭性自然资源资产。自然资源资产直接进入市场交易至少应具备几个条件：交易标的的形态、大小、数量、边界范围具体明确；价值大小能用货币直接衡量；市场交易后不影响其他人对该资产的享用权利。在这种条件下，有些自然资源资产就不能、不宜抑或没办法进入市场交易，如清洁的大气资源资产等。按可否直接进入市场交易，自然资源资产可分为可交易自然资源资产和不可交易自然资源资产。

三、自然资源产权效率

（一）产权与产权效率

1. 产权

产权既是一个经济概念又是一个法律概念。西方产权经济学家德姆塞茨、阿尔钦、罗纳德·哈里·科斯等均对产权进行过界定。如菲吕博滕和配杰威齐认为，"产权不是指人与物之间的关系，而是指由物的存在以及关于它们的使用所引起的人们之间相互认可的行为关系"①，这是从分配的角度对产权做出的界定。阿尔钦则从法律的角度对产权进行了界定，他认为"产权是一个社会所强制实施的选择一种经济的使用的权利"。② 德姆塞茨则强调产权在社会体制中的功能和作用，认为"产权包括一个人或其他人受益或受损的权利"③。西方产权理论创立者之一道格拉斯·C.诺斯则认为，产权是"个人对他们所拥有的劳动物品和服务占有的权利"。④ 马克思的产权概念包括经济形态和法律形态两个层次，他认为，经济形态的产权就是所有制，也就是生产关系的总和，是人们在生产过程中围绕生产资料的占有和使用形成的人与人之间的物质利益关系，法律形态的产权就是所有权，是反映经济关系的意志关系，是生产关系在上层建筑的确认和保护。⑤

综上所述，产权是社会生产过程中所形成的资产主体对资产的所有权利，它依附于一定的资产（物品、资源或服务），受社会所有制关系的制约，体现的是人与人的社会关系，包括所有、占有、使用、收益、处分等多项权利的总和。

2. 产权效率

不同的产权制度安排具有不同的产权结构和产权运行模式，表现为不同的效率性功用。一般而言，效率体现于投入产出比，即单位交易费用所实现的有效收益，用公

---

①②③ 罗纳德·哈里·科斯，阿尔钦，道格拉斯·C.诺斯. 财产权利与制度变迁产权学派与新制度学派译文集［M］. 刘宇英，等，译. 上海：格致出版社，上海三联书店，上海人民出版社，2014.

④ 道格拉斯·C.诺斯. 制度、制度变迁与经济绩效［M］. 杭行，译. 上海：格致出版社，上海三联书店，上海人民出版社，2014.

⑤ 彭五堂. 马克思主义产权理论研究［D］. 北京：中国人民大学，2006.

式表示为：产权效率＝（产权运行收益－产权运行成本）/产权运行成本①。

产权效率有四个基本要素，即单位投入、单位产出、机会成本和最终效果，前提条件是产权明晰和产权安排的合理性。通过降低投入和机会成本、提高效益与单位产出的办法可以提高产权效率。

（二）自然资源产权与效率

自然资源产权是自然资源的所有者依法享有的，对自然资源行使占有、使用、收益、处分的权能总和。主要包括体现自然资源经济价值的所有权、体现自然资源使用分配的使用权、体现自然资源实际运作的经营权、体现自然资源生态价值的监督管理权②。这四项权能既可以合并运行，也可以分离运行。在我国，自然资源属于全民所有，形式上采取国家所有和集体所有两种形式，国家及其代表人在产权主体结构中占有重要甚至居支配地位，而集体往往在农村土地、草场、林场等农业用地中占据主体地位，企业等产权主体居国家及其代表人、集体组织等之后，由国家或集体所让渡的自然资源资产使用权（经营权）及收益权的权利主体，也是各类产权主体中行为最为活跃的产权主体。

自然资源产权效率是自然资源产权的价值实现程度，既有经济价值的实现，也有社会价值和生态价值的实现，分散在自然资源产权的各项权能中。一是自然资源的所有权效率，这是自然资源产权经济价值的体现，围绕自然资源形成的地租是国民收入的组成部分，对国民收入的实现、社会收益的增加具有重要作用。在社会主义市场经济条件下，自然资源的所有权效率就是要科学认识自然资源产权的激励和约束功能，改变过去资源无偿或低成本使用的观念，通过科学的产权制度设计提高自然资源的经济效率。二是自然资源的使用权效率，这主要体现在使用权流转性上，自然资源必须在使用过程中才能实现其价值和使用价值，这既包括经济效率也包括社会效率。目前，我国的自然资源分散利用、流转性较差，容易产生使用机会和使用权利不对等，影响自然资源效率的提升，不利于国民经济发展。三是指自然资源的经营权效率，是指一定的自然资源开发经营制度对国民经济整体效率的影响。四是自然资源的监管权效率，是自然资源在实现国民经济增长、生态文明建设和建设社会主义现代化过程中所发挥

① 刁永祚.产权效率论［J］.吉林大学学报（社会科学版），1998（1）：73-76.
② 庄国敏，钟凰元.公平与效率：自然资源产权制度中的博弈［J］.合肥工业大学学报（社会科学版），2015，29（1）：53-56.

基于产权效率的国家自然资源资产管理体制研究

的作用的大小，主要体现的是资源的自然生态价值。自然资源既可以被开发利用，也需要科学保护以实现可持续发展。自然资源监管有效就是要通过合理的制度设计，促进资源在提高国民经济发展水平和可持续发展过程中的作用。

四、自然资源监管与资产管理

自然资源监管和自然资源资产管理是统一体，归根结底是由自然资源的特征所决定的。自然资源在满足稀缺性、主体明确、价值可计量的前提下可以形成资产，这客观上要求自然资源的开发利用、生产等过程需要按照市场经济规律进行，包括自然资源资产的价值核算、资产确认、价值补偿等多个环节，但目前我国自然资源的使用成本和市场化程度较低，资源价值被低估，在一定程度上影响了国民经济的健康发展。

但自然资源又是稀缺的，并非是取之不尽、用之不竭的，这就产生了自然资源监管的需要。监管主要是用途管制，由于自然资源具有生态特征，完全的市场化会导致价格扭曲和市场失灵，甚至威胁国家安全。因此，需要对自然资源的使用方式、途径等进行监管，以保障生产、生活、生态活动之必须。自然资源资产管理和自然资源监管并不矛盾，监管并不是让社会成员不使用或者少使用，而是为了让社会成员按规定使用和更好地使用，以实现资源的可持续利用，最终提高社会整体利益。

第二节　理论基础

一、交易成本理论

交易成本理论是新制度经济学的理论基础，起源于罗纳德·哈里·科斯于1937年发表的《企业的性质》（*The Nature of the Firm*）一文，后经威廉姆森、张五常、达尔曼等加以扩展和完善，形成了企业理论的主要支撑。

（一）交易成本的定义

交易成本也称交易费用，指当达成一笔交易时，交易对象在此笔买卖过程中所形

·38·

成的所有与此交易相关的时间成本和货币成本。包括信息传递、广告宣传、运输以及每一笔交易产生的谈判和签约费用等。交易成本产生于交易行为发生的过程中，它将一定的契约关系作为产生的前提。

罗纳德·哈里·科斯将交易成本定义为：为获得准确的市场信息、进行谈判、签订契约而付出的费用，其应当包括信息收集成本、谈判成本、签约成本、监督成本以及可能发生的违约成本。罗纳德·哈里·科斯将制度与交易成本进行了融合，观察了在制度环境中，由于存在不同的制度及不断变化的环境，只要在买卖双方之间发生交易行为就会产生成本①。交易成本影响交易效率，二者一般呈反方向变化，交易成本越高，交易效率越低。罗纳德·哈里·科斯的交易成本学说主要运用于企业经济中。

而张五常则把交易成本拓展到了社会领域。他认为，交易成本不仅应涵盖所有经济组织发生的交易成本，还应涵盖社会制度成本，如相关的法律法规。张五常（1999）认为，只要是在一人世界中不存在的成本，都是交易成本。交易成本的形成背景是在一定的社会关系中，交易对象为达成交易自愿支付的成本，即人与人的关系成本。换言之，只要存在人类的交往互换活动，就存在交易成本。交易成本是人类社会生活中必不可缺的重要组成部分。他将人与人之间衍生出来的经济安排定义为制度，有社会的存在就必然有制度的存在，因此他认为交易成本应该定义为制度成本更加恰当②。他曾在《经济组织与交易成本》一文中提出，交易成本应当包含全部存在于有交易行为发生、有明确的产权界定、有经济组织存在的非鲁宾逊·克鲁索经济中的成本。交易成本本身可以看作是一系列的制度成本，涵盖了信息成本、议价成本、拟定和实施契约的成本、界定产权与控制产权的成本、相关的监督管理成本以及制度结构变化的成本。③ 这一理解为产权制度设计奠定了重要的理论基础，一种管理制度是否具有效率，交易成本对任何社会运行方式和社会结构都有着重要影响，不同经济制度下的经济绩效有着天壤之别。

（二）交易成本的影响因素

威廉姆森（1985）认为，市场失灵源于人的本性和市场交易环境的交互作用，

---

① Coase R. H. The Nature of the Firm [J]. Economica, 1937, 4 (16): 386-405.
② 张五常. 交易费用的范式 [J]. 社会科学战线, 1999 (1): 1-9.
③ 张五常. 经济解释（四卷本）：科学说需求+收入与成本+受价与觅价+制度的选择 [M]. 北京：中信出版社，2014.

导致了交易困难①，并提出了交易成本的七大来源。一是有限理性（Bounded Rationality），交易市场环境是复杂、不确定的，个体交易者在交易过程中不可能考虑到所有的意外因素。交易越多不确定性就越大，信息也就越不安全。由于交易者对环境的计算能力和对信息的获取及处理能力是有限的，因此交易者只能拥有有限理性。交易者的有限理性将提高事前起草契约的成本，同时也将增加在交易过程中解决意外情况的成本。二是投机主义（Opportunism），也称机会主义，主要指在实现目标的过程中忽视游戏规则，以结果为导向衡量一切，不重视过程。例如，在交易过程中为实现自己的利益而采取欺诈手段蒙骗对方，使彼此之间不信任、相互猜疑，从而不仅增加了交易过程中的监督成本，同时也降低了经济效率。三是资产专用性（Asset Specificity），在不牺牲其生产价值的前提下，某一资产可以再次被配置于其他不同用途或者是被其他资产使用者再次利用的程度。因为存在资产专用性，只要交易对象一方投入了专用资产即成为沉没成本，另一方若采用机会主义行为导致交易提前终止，那么投入了专用资产的一方就可能要承担一定的损失，增加交易成本。资产专用性程度高就意味着资产挪作他用时牺牲了较大的生产价值。四是不确定性与复杂性（Uncertainty and Complexity），由于市场环境是不断变化的，交易对象需要在契约中考虑到未来的不确定性与复杂性，这就使交易对象在签订契约时的议价成本增加，同时也提高了交易难度。五是少数交易（Small Numbers），由于一些交易程序具有过度的专属性，或者信息无法自由流通，就会导致交易对象减少，形成少数人控制交易市场的局面，出现市场失灵。六是信息不对称（Information Asymmetric），关于交易信息在交易对象之间呈现不平衡的分布，即一方拥有的相关交易信息比对方有优势，导致少数交易的出现。信息不对称的出现与交易者占有的内部消息以及交易者获取信息的能力有关。七是气氛（Atmosphere），交易对象如果互相猜疑、互不信任，甚至处于对立立场，导致交易关系无法令双方满意，从而使交易过程流于形式，增加不必要的交易成本。

上述交易成本的影响因素归根结底来自交易本身的三个特征：交易产品及资产的专属性、交易不确定性、交易频率。交易产品及资产的专属性指为交易顺利进行而投入的资产不具备市场流通性，无法在交易契约结束后进行再次交易而导致成本难以收

---

① Williamson O. The Economic Institutions of Capitalism—Transaction Cost Economics［M］. New York：The Free Press，1985.

回。交易不确定性主要是指在进行交易时各种风险的发生概率。有限理性使交易者在交易过程中无法完全预测未来的情况，并且交易对象还存在信息不对称的情况，为交易的顺利进行增加了阻碍。随着交易不确定性的提高，交易对象付出的管控成本及谈判成本会上升，促使交易成本增加。发生交易的次数越多，产生的管控成本及谈判成本也就越高。

（三）交易成本的类型

交易成本的构成较为复杂，交易不同涉及的交易成本类型也就不同。一般而言，交易成本包括以下六类：①搜寻成本，为收集产品信息和交易对象信息而付出的成本。②信息成本，获取交易对象信息以及与交易对象进行信息交换而付出的成本。③议价成本，就契约签订、交易品价格及品质而进行讨价还价的成本。④决策成本，进行交易决策和签订契约而付出的成本。⑤监督成本，用于监督交易对象是否按照契约内容合规进行交易而付出的成本。⑥违约成本，交易对象发生违约行为时而付出的成本。①

达尔曼（Dahlman，1975）的研究则把交易活动的内容进行了类别化处理，认为交易成本应该从信息收集、协商与决策、契约执行、契约监督、契约转换五个方面进行划分。②

威廉姆森在1985年出版的《资本主义经济制度》一书中，明确提出了交易成本的定义，并从"事前的"和"事后的"两个角度对交易成本进行了区分。事前的交易成本主要包括撰写、谈判、确保实施某个协议的成本。由于交易对象对未来情况的不确定性会产生担忧，所以在签订契约时，需要对交易对象的权利与义务进行明确的划分，而进行这一过程是需要花费一定代价的，这种代价的大小则与相关产权结构的事先明确度有关。事后的交易成本是在交易行为发生后，契约不能适应所导致的成本。主要包括以下形式：交易方想退出某一契约关系而需要付出的费用、交易方为修改原约定价格而需要付出的费用、交易方为政府部门解决交易对象之间的冲突而需要付出的费用、交易方为了实现长期和连续的交易关系而需要付出的费用。

---

① Williamson O. Markets and Hierarchies：Analysis and Antitrust Implications ［M］. New York：The Free Press，1975.

② Dahlman C. J. The Problem of Externality ［J］. The Journal of Law and Economics, 1979, 22 (1)：141-162.

二、产权理论

产权理论是西方经济学和政治经济学的核心理论，市场机制的运行、资源的配置效率和配置方式等问题都与产权有密切关系。

（一）西方产权理论

产权是财产权利的简称，即通过法律加以确定的对物质内容有着经济利益的权利。产权理论的起源背景在于传统西方经济理论对于市场机制自发运行的确定性。

经济学家对产权有不同的解释。罗纳德·哈里·科斯指出了产权的内涵："人们通常认为，商人得到和利用的是实物，而不是行使一定行为的权利。这是一个错误的概念。我们会说某人拥有土地，而土地的所有者实际上拥有的是实施一定行为的权利。"[①]道格拉斯·C. 诺斯认为："产权是个人对他们所拥有的劳动、物品和服务的占有权利。"[②]

在理论流派方面，产权理论分为三大流派：一是以威廉姆森为代表的交易成本学派，主张市场运行及社会资源配置是否有效取决于交易自由度的大小和交易成本的高低两个重要因素。交易自由度能够采用交易频率和交易不确定性来进行度量。二是以詹姆斯·布坎南为代表的公共选择学派，他们不同意关于资源配置的帕累托最优准则，认为所有权、法律制度对于起草和履行契约有着更为重要的作用。权利除了包含"所有"的含义外，还包含要求赔偿、履行契约的权利，所以资源交换的实质是合法权利的交换。主张只要在双方自愿的基础上，明确权利界区，就可以达到资源的有效配置。在初期，即使权利配置不合理或者不公正，只要明确权利界区，仍可以自由转让产权，那么便可以保证资源配置的有效性，所以在进行相关研究时，应重点关注产权界区和转让。三是以舒尔茨为代表的自由竞争学派，认为市场机制的缺陷并不仅有交易成本经济学所强调的外在性，还包括垄断。垄断会减少市场中的企业数量，进而在一定程度上减少交易成本，促进社会资源的有效配置。而事实上，垄断带来的后果是资源配置效率低下，市场失灵。

基于经济学家对产权的认识，结合我国自然资源产权制度改革实践，本书对产权

---

① 罗纳德·哈里·科斯. 企业、市场与法律 [M]. 盛洪，陈郁，译. 上海：格致出版社，上海三联书店，上海人民出版社，1990.

② 道格拉斯·C. 诺斯. 制度、制度变迁与经济绩效 [M]. 杭行，译. 上海：格致出版社，上海三联书店，上海人民出版社，1994.

的内涵理解主要包括以下内容：①产权不仅是对所有物的权利，而是对财产行使行为的权利。既体现人与物的关系，也体现人与人之间的关系，是一种经济行为社会化的表现。②产权不是单一的权利，而是权利的集合，是人们对某种财产拥有的各种权利的总和。③产权的基础和核心是经济上的所有权。这是由法律赋予财产主体的排他的权利。④产权归根结底是资源资产的权利。资源配置方式的改变是由产权变更造成的。因此，产权的变化对社会经济效益的影响可以用总效益的增减来衡量，即存在帕累托最优。⑤产权是一种社会管理工具。它促进人们在交易中形成合理预期，消除信息鸿沟，有助于外部性的内生化，使资源在市场机制作用下达到优化配置。⑥产权可以转化、分解、组合和转移。资源产权可以由不同主体行使不同的权利，产生不同的经济后果。⑦产权可以而且应当交易，它属于商品经济范畴，具备商品特征，也是市场经济条件的本质属性。

（二）马克思主义产权理论

产权理论是马克思主义理论的重要组成部分。1842 年，马克思在《关于林木盗窃法的辩论》中首次提及产权问题，1847 年在《哲学的贫困》一文中，马克思对产权的认识上升到经济层面，由法权到经济关系再到权利，最终形成了批判的唯物主义产权观。

马克思主义产权理论的逻辑起点是物质资料生产过程，认为产权是在物质资料生产过程中形成的，服务并服从于物质资料生产。马克思并没有简单地把产权理解为一种法权关系，他是在两个层次上理解产权的。首先，产权关系是一种经济关系，是人们在社会生产过程中围绕生产资料的占有形成的物质利益关系，也就是生产关系。这就是马克思讲的所有制，它是产权的经济形态。其次，分析了所有制的法律形式，即产权的所有者关系。马克思认为，所有权是经济关系的意志表现，归根结底是由经济关系来决定的。因此，马克思把研究重点放在了经济形态的产权上面，即所有制上面。

马克思深入研究了产权从公有变为私有的过程。他认为，产权并非生来就存在，它与社会经济关系的演化相伴而生，产权的产生是生产力与生产关系运动的必然结果。人类社会产生的第一种产权关系是公有产权，原始社会最典型的公有产权是土地公有制。在原始社会，劳动的主体与客体处在矛盾对立的统一体中，劳动的客体并非劳动的产物，而是天然的存在物。马克思认为，劳动者把自己的客观劳动条件看作是自己的财产，这就是劳动同劳动的物质前提的天然统一。[①] 在这种共同占有土地和劳动的过程中，对每一位社会成员而言，他们会自然而然地把自己当作是土地的占有者或所有者，但这是一种原始的、初级的产权观。私有产权的产生和发展与原始社会晚期氏族家庭行为方式的变化密切相关。以血缘关系为纽带的氏族部落在原始共同体内部的成长逐步导致了原始共同体的分裂，从而产生了具有独立经济意义的家庭。这种在原始公有制内部产生的私有产权最开始是占有生活资料，在此基础上发展演变成为生产资料私有化。

在产权权能类型上，马克思认为产权权能包括所有权、占有权、使用权、支配权、经营权、收益权、继承权七类。他认为，产权关系中各权能之间的统一和分离既取决于一定的社会生产力和生产关系的性质及其发展程度，也取决于与此相适应的经济体制的发展程度。把经济体制与产权挂钩是马克思主义产权理论的重大创新，这为社会主义国家产权制度改革提供了理论依据，也为自然资源资产管理体制改革提供了理论上的存在性。

在产权归属问题上，马克思认为，产权可以归属于同一社会主体，也可以归属于不同的社会主体，还可以归属于同一所有制主体的不同部分。所有制的变化会产生不同的产权制度，这一点与西方产权理论基本一致。

在实现形式上，马克思认为公有产权的实现形式可以多样性。由于生产力发展的不平衡和多层次，决定了社会中可能同时存在多种所有制关系，一种所有制也可能出现多种产权制度安排和多种实现形式。马克思的这些观点说明，产权的实现形式不是唯一的、不变的，而是可以多元化的、动态化的。

三、制度理论

新古典主义经济学把制度作为外生变量排除在经济模型之外，得出由市场来组织和引导经济发展的观点，出现了对"理性经济人"假说、个体主义方法论和经济分析静态化等的质疑，产生了在当代经济学理论中具有重大影响的新制度经济学。新制度经济学中与自然资源资产管理体制相关的理论主要包括制度变迁理论、制度结构理论和国家治理体系理论。

---

① 中共中央马克思恩格斯列宁斯大林著作编译局．马克思恩格斯全集（第 30 卷）［M］．北京：人民出版社，1995.

（一）制度变迁理论

制度变迁指的是某一种制度框架的创新以及被打破。制度变迁按照其主导主体可以分为"自下而上"和"自上而下"两种类型。由个人或某一群人受到新制度社会收益的引诱，自发地引导社会制度变迁的形式，叫作"自下而上"的制度变迁。由政府等行政机关以命令和法律的方式强制实行制度变迁的形式，叫作"自上而下"的制度变迁。制度变迁理论认为制度因素是影响经济增长的重要因素。

制度变迁理论的代表人物道格拉斯·C.诺斯还提出了制度变迁过程中的路径依赖理论。所谓路径依赖，是指由于规模经济和利益约束的存在，在某一社会制度安排下，会产生自我强化作用，导致原有制度往既定方向延续。也就是说，一旦制度形成，在相当长的时间内会存在惯性，想逃离这个惯性并非易事。道格拉斯·C.诺斯认为，制度变迁的过程类似于技术变迁的过程，并且路径依赖存在自我强化与锁定两种效应。自我强化机制可以使制度变迁一旦选择某一路径，那么其既定方向便会在未来的发展过程中实现自我强化。于是，人们的历史选择会决定其现在可能的选择。如果跟随的既定路径是正确的，那么制度变迁就会进入一个良性循环的轨道，得到迅速优化；如果跟随的既定路径是错误的，那么制度变迁就会进入一个恶性循环的轨道，甚至被锁定停留在无效率的状态，无法得到优化，且一旦被锁定便很难逃离这种无效率的状态。无论是我国的改革开放还是当前在国际环境日趋复杂化下的国内国际双循环，都是制度变迁理论的现实运用。

道格拉斯·C.诺斯还认为，不完全市场及报酬递增决定了制度变迁路径。由于市场的复杂性以及信息的不完全，制度变迁的路径可能会随着时间的推移而改变。制度存在的重要与否与是否存在不完全市场及报酬递增有关。制度变迁过程中"路径依赖"的形成主要有三个方面的原因：第一，正式制度的约束力对经济发展会产生连续累积作用。国家的政治法律和社会制度约束着经济发展的自由程度和社会公民的行为特征，从而对社会发展的经济效益产生影响。第二，非正式制度也许对经济社会发展产生更为持久而深远的影响。正式制度的约束比较刚性，而非正式制度更为柔性，更多是采取连续的、缓慢的、渐进的、内生的方式对社会秩序产生影响。历史上，虽然大多数国家尤其是资本主义国家的政治法律制度差异并不明显，但经济发展水平却有明显差别，其中一个主要原因就是非正式制度和传统文化在产生潜移默化的影响，形成共同的社会规范。第三，与制度相关的既得利益方不具有保持制度变迁的持续动力。因为利益主体与现有制度是共存共荣的，而且在各种利益的博弈中处于主导地位，只有强化现有制度体系，才能促使制度变迁保持原有的惯性和方向持续下去。

（二）制度结构理论

普遍接受的制度结构的定义是，在经济社会中所有制度安排的总和涵盖了组织、法律、习俗以及意识形态。但是，不同的经济学家对此有不同的见解。道格拉斯·C.诺斯（1994）① 认为，制度框架是指那些决定实绩基本因素的社会特征，涵盖了一个社会的政治和经济制度、技术、人口、意识形态。

制度结构具有一定的层次性，例如，公司制度、合伙制度、业主制度等组成企业层次的制度结构；现货市场、期货市场、零售市场、批发市场等组成市场层次的制度结构；产权制度、商业制度、市场机制等组成社会层次的经济制度结构，经济制度结构与非经济制度结构又共同构成社会的宏观制度结构。在宏观层面上，制度结构主要指产权制度、企业制度、市场制度、政府制度以及法律制度组合而成的制度框架。其中，产权制度、市场制度和企业制度是经济制度，法律制度是非经济制度。政府制度具有经济制度与非经济制度双重属性。节约交易费用、降低社会运行成本是制度存在的基本功能。在进行制度结构的相关分析时，学者常将制度结构具体划分为正式制度结构与非正式制度结构两种类型。权利产权是正式制度结构，注重习俗和道德的约束效力是非正式制度结构的核心要素，正式制度结构与非正式制度结构在功能上是互补的，不可相互替代。

制度结构与制度效率存在高度正相关关系。制度结构由不同的制度安排构成，存在功能的不同组合，各单项制度安排的效率深刻影响着制度结构的张力和效率。因此，决定制度安排效率的因素同样决定着制度结构的效率。但是，制度结构效率的决定因素又不同于制度结构中某一单项制度安排的效率决定因素。任何制度结构都是由众多具体的制度安排相互组合而成的复杂体系，不同的制度安排之间存在各不相同的相互依存性和关联性。

制度结构的效率决定还受到制度配置方式的影响，制度体系中各项制度安排之间只有相互协同和匹配，整个制度系统才能发挥最大的功能。制度结构之所以需要制度配置，原因在于制度结构中各项制度安排并非可以相互协调和匹配，可能出现制度耦合、制度冲突与制度真空三种情形。这就对全面深化改革提出了较高的要求。

---

① 道格拉斯.C.诺斯.经济史中的结构与变迁［M］.陈昕，陈郁，译.上海：上海人民出版社，1994.

（三）国家治理体系理论

国家治理体系是在党领导下管理国家的制度体系，包括经济、政治、文化、社会、生态文明和党的建设等各领域体制机制、法律法规安排，是一整套紧密相连、相互协同的国家制度。它是我国在社会主义现代化建设、全面深化改革过程中出现的新名词，也是理论研究的新领域。

首先是国家治理的价值体系。任何一个现代国家治理体系的背后一定有符合现代性要求的整套价值体系作支撑。价值体系通过两个渠道来提升国家治理能力：一是直接或间接地改善国家治理能力的要素和内在结构，进而形成新的功能。例如，现代价值体系直接影响现代国家的法治能力，并由此影响其他国家治理能力的提升及其实际效度。二是直接或间接地优化国家机器运用这些能力的意志、目标与战略，为全面提升国家治理能力的权威与治理绩效创造必要的社会条件和文化支撑，由文化和社会认同所生成的管理制度体系成为一个国家兴衰成败的关键之道。通过政府与社会的互动交流，增进社会对政府公信力，提高社会民众对政府的合法性认同，在很大程度上取决于现代国家塑造现代价值体系和构建核心价值观的能力。

其次是制度体系。制度和公共政策是现代国家的主要治理工具，政治制度是政治文明的载体，高质量的现代治理制度是现代国家治理体系的主要特征。现代国家制度体系兼具有效性和合法性，能够妥善协调不同利益主体之间的关系，缓解各种社会矛盾，满足多样化的社会诉求，政府公权力和社会秩序可以达成广泛一致。同时，它也是开放包容、问责与纠错并重的，既可以有效吸纳社会精英、聚合利益诉求、构建和谐关系，也可以防止内部分化，形成团结一致的生动局面。它还是可调适的，根据不断变化的外部社会经济环境，通过制度安排和公共政策的改善、治理体制和机制的创新以及程序的优化重组，有效应对各种社会经济问题可能导致的转型危机与治理风险，满足新需求与新期望。

最后是能力体系。包括提出和运用科学理论、政治路线、大政方针，优化制度和领导方式，动员和组织人民群众履行自己的法定职责的能力；国家机构及工作人员的履职能力；等等。这主要体现在国家机构如何与赋权主体进行互动，实质上是保障人民当家作主的能力。

第三节　产权效率与制度创新的传导机理

自然资源资产的制度安排是一种多层次的社会安排，随着国民经济发展和国家顶层设计不断演进，相应的产权效率也是不断演进的。不同时代、不同地区的制度安排及其成本结构对产权效率变化具有筛选作用。产权效率与制度创新之间存在双向传导关系，制度创新是实现产权效率的动力源泉，形成产权效率改进的动力机制，产权效率能够为制度创新提供反馈，形成制度创新的优化机制。

一、产权效率的制度成本结构

对于同一资源而言，不同的制度设计具有不同的成本结构，它们的相互组合方式及彼此影响会产生不同的产权效率。从社会运行来看，体现在产权的界定和运行上；从产权主体来看，体现在制度变迁中相关利益主体的各种承受成本的结构和特征上；从制度的管理运行来看，体现在监督、实施的价值付出上。产权效率的制度成本结构如图2-1所示。

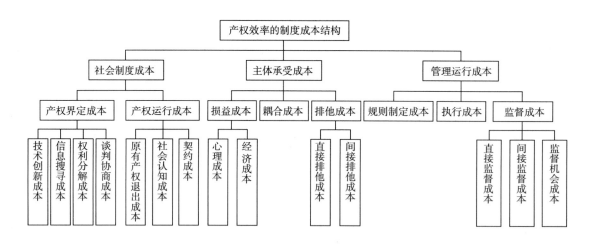

图2-1　产权效率的制度成本结构

资料来源：笔者自行绘制。

（一）社会制度成本

1. 产权界定成本

产权效率的优化提升、产权制度的变迁本质上是双方在一定条件下从均衡到非均衡再到均衡的相互适应。这种演化的基础是产权的界定，在产权初始界定已经明晰的条件下，制度的变化会引起产权效率的变革，其后果是引起技术变迁、信息获取、权利重构和谈判协商等累积成本发生变化。产权界定成本函数如式（2-1）所示。

$$产权界定成本（C_{DM}）函数 = f(C_{MT}，C_{SI}，C_{PD}，C_{CN}) \tag{2-1}$$

其中，C_{MT} 是产权界定中的技术创新成本。制度变迁带来产权的调整或重新界定，会导致为确定产权归属、收益、管理等工具和技术发生演化。例如，自然资源产权制度改革中产生大量的自然资源调查、确权、资产负债表编制、信息化平台建设等技术运用领域，都会导致技术创新成本发生，其成本度量主要由两部分构成：一是技术创新的内部成本，即某种产权界定技术发生的研发、设计、生产等成本，该成本与技术本身的难度、先进与否密切相关；二是技术的应用成本，技术创新发展速度越快、普及程度越广，技术创新的单位成本越低。

C_{SI} 是产权界定中的信息搜寻成本。产权调整或重新界定会改变原有的产权界定信息量大小，产权主体和管理部门都会发生因产权变化带来的信息重新搜寻，完成各种微小的、渐进的、边际的改良认知，进而对各种制度框架、政策体系、行为安排等做出持续的调整和适配。

C_{PD} 是产权界定中的权利分解成本。产权体系由一组组相互关联的权利束组成，专业分工优势和利益关系重构是产权主体利益格局调整而进行权利再分配的主要原因。随着经济社会发展和制度设计的完善，产权权能由同一主体行使转变为不同主体分工行使。分解后的产权单元极大地增强了产权承载物的竞争性、排他性、经济性、市场流转性，从而实现帕累托改进的制度激励。

C_{CN} 是产权界定中的谈判协商成本。产权关系在法律上是一种契约关系，一种既定的制度框架下产权关系相对稳定，此时几乎不产生谈判协商成本。但是，当制度开始变迁时，原本稳定的产权关系极有可能发生重构，相关利益主体会出现从相互抗衡到相互妥协的谈判协商过程，导致契约成本发生。

2. 产权运行成本

新的产权形式一旦形成会改变原有制度框架下的路径偏好、要素分布和资源配置方式。产权运行成本一般包括三个方面：一是原有产权退出成本。制度演进常常带来效率改进和原有产权的退出，原有产权的退出既有直接损益的显性成本，也有产权变革带来的潜在社会成本和制度成本，还包括无法收回的沉没成本。其中，显性成本表现为新的产权制度运行中产生的一切费用；潜在社会成本和制度成本属于隐性成本，主要是指制度变迁过程中的摩擦成本；沉没成本是制度变迁过程中由于产权效率的改进和制度试错带来的不可回收的损失。以集体林权改革为例[1]，其显性成本是制度供给的全部支出，如新的林权制度设计费用、立法机关运转及其机构运行的全部费用等；林权制度改革改变了集体林的经营方式，增加了管护林地的劳动力，是一种人力成本的增加，还涉及对不同林种进行分类，这些都要产生交易费用，属于隐性成本；原有林权制度构成损害林地资源高效配置的障碍，这些损失则属于沉没成本。

二是社会认知成本。产权制度运行是产权的社会主体和社会成员相互认知的过程。当一种产权制度安排的利益关系人超过一定的临界点时会演变为全社会的群体刻画和效仿，形成更为广泛而稳定的产权体系。在从少数到群体的进化过程中，风俗文化、文化晕染、习惯偏好、社会意识、价值取向等非正式约束的调整是边际的和渐进的，也将花费不少的费用。单纯地制定相关规则和政策并不意味着产权制度改进，更重要的是在扩散与传播新体制的实验激励、调整原有产权偏好的制度安排中付出更低的内生制度成本，实现更高的效益。

三是契约成本。一种管理制度的形成本质上是社会契约的缔结，既包括组合现有生产要素的成本，也包括经济社会条件的变迁而改变要素组合方式的成本。产权效率的优化与制度创新存在交互影响，因此缔结契约的成本是不断演化的。另外，契约的履约过程也会产生成本的变化。缔约当事人不可能预测契约的准确后果以及履约过程中的不确定性，因此，预期效用和成本会发生偏差，导致契约的履约成本不断发生。

（二）主体承受成本

产权制度的变迁是社会成员的博弈互动过程，是对原有利益格局的重新调整，与利益承受主体的成本结构紧密相关。

① 王战男. 基于制度成本理论的集体林权制度改革的成本分析 [J]. 林业经济问题，2009，29（3）：223-227.

1. 损益成本

每一次制度变迁都会引起在新的产权形式下一些利益群体获得高于原有产权形式下的利益和收益，而另一些利益群体得到的收益却低于原有产权形式下的收益，称作损益成本，包括利益承受者的心理成本和经济成本。前者是产权关系人对发生偏好改变、观念转变以及新形势下的风险等的心理承受成本，后者是因产权关系变化带来的权利载体沉淀成本和贬值损失。

某种制度安排促进产权效率提升可以从两方面衡量：第一种情况是某种产权变革使社会总体损益成本为零，即在至少一部分社会成员因新的产权形式出现而获得不低于原有产权形式下的收益的同时，其他社会成员并不因此减少收益，制度变迁实现了帕累托改进；第二种情况是新制度安排增加了一部分人的损益，但同时让另一部分人增加的收益高于前一部分人增加的支出。

2. 耦合成本

制度变迁尤其是产权制度的演进和调整，并非某个人或某些人的主观意识所为，而是产权利益相关主体讨价还价、相互制衡的结果。产权关系引起的行为关系涉及产权关系参与者之间产生的冲突、交流、协商、妥协的博弈成本，称为耦合成本。一种新的制度要取代旧的制度，必然会引起既得利益群体的担忧和抵制，制度的顺利实施则需要通过协商、谈判等方式消除不必要的信息鸿沟，降低交易费用。

3. 排他成本

当自然资源作为资产进行管理时，客观上淡化了其作为公共物品的公共属性，使用者必须支付必要的使用成本才能行使有关权利。直接排他成本和间接排他成本决定了产权权利的有效性，其中直接排他成本是权利拥有者保护自己的权利时付出的成本，间接排他成本是第三方（集体或政府）付出的成本。以土地使用权为例，政府或国家通过招拍挂等方式出让国有土地使用权，获得使用权的个体将为得到土地使用权支付直接的排他成本（以出让金形式表现），土地出让者为确保使用者合法使用土地，也会通过法律手段排除其他主体继续使用，为此付出间接排他成本。

（三）管理运行成本

制度的管理运行成本是制度的制定者为确保制度运行而付出的全部费用，主要包括规则制定成本、执行成本和监督成本。

1. 规则制定成本

制度的制定者会有意识地制定一系列法律法规、经济契约、活动规则等，这其中所花费的支出称为规则制定成本。产权制度化就是通过法律和政策的制定，改进和激励个体与组织参与合法竞争。正式制度的制定实施需要达到简单识别、适度稳定以及开放性的度量标准。

2. 执行成本

执行成本主要是指正式制度在执行过程中所消耗的财力、物力、人力、信息和时间等资源的总合。一项制度变迁一旦形成正式制度，在执行中会因技术标准变化、信息不畅等情况而出现从排斥到接受的变迁。为了平衡各相关方的利益并使其制定的准则、制度能使各利益相关方顺利接受，政策制定者会采取一系列措施降低执行成本，促进主体间的利益相融。

3. 监督成本

制度是一系列契约、规则的有机组合，由于自然资源权利可分割，必然会产生委托代理关系，二者经常会出现信息不对称和契约不完全，必须设立一套有效的制衡机制来调整和纠偏，从而产生了监督成本。信息的不完全性容易产生"搭便车"、逆向选择和道德风险等行为，监督成本也会随着惩罚约束机制的完善而降低。监督成本包括直接监督成本、间接监督成本和监督机会成本三类。维持正常交易及行使权利付出的价值称为直接监督成本，监督主体和客体的不当行为造成的价值损失称为间接监督成本，选择一种监督方案、放弃另一种监督方案而造成的损失称为监督机会成本。降低监督成本需要建立产权激励机制，并把自然资源资产收益水平与所有者的报酬挂钩。

二、制度创新促进产权效率提升的动力机制

制度创新能够促进产权效率提升，制度创新对产权效率的传导是全方位的，具有多元表现特征。

（一）制度创新与产权效率的激励相容性

制度安排规范了产权主体和利益相关者的行为边界，不同的产权主体和利益相关方依据自己的行为约束边界，与其他经济主体形成合意的交易关系，以实现激励的相容性。产权效率提升作为资产价值增值的过程，必须充分考虑参与其中的经济主体的利益是否增加。由于我国的自然资源属于全体人民共同所有，自然资源资产产权效率的提升直接反映为全体社会主义劳动者的福利增进。如果社会福利的增加牺牲了部分社会群体的福利水平，则这种产权配置是低效的和无效的。

尽可能地顾及全体社会成员的福利水平，实现产权制度的激励相容，才能持续增加社会财富产出，这也是社会主义制度下提升自然资源资产产权效率的最终目的。自然资源资产管理制度创新就是对产权主体和利益关系人的责权利进行科学界定的过程，也是对自然资源的成本和收益进行清晰刻画的过程。产权主体和利益相关者在新的制度安排中能对自己的潜在收益和成本进行合理预期，并实施具有针对性的经济活动，进而推动自然资源更加优化配置，实现产权效率的提升，反过来又促进制度的进一步完善和创新，最终实现自然资源财富的增加。但是，并非所有的制度创新都可以实现产权效率的激励相容。下面以自然资源有偿使用制度为例来说明。

假设 A 表示自然资源的使用权主体所有可能选择的行动组合，a 和 a' 为使用者行动，此处为使用者因为使用自然资源而付出的代价，则有 a、a'∈A，ε 为影响自然资源使用的外在条件，不受政府控制，f(ε) 为 ε 的密度分布函数。当自然资源使用者选择一个行动 a 后，a 和外生变量 ε 共同构成一个可观测的结果 x(a, ε)（如自然资源的损耗）和相应的产权价值 y(a, ε)。此时，政府作为自然资源的所有者在有偿使用制度下根据观察到的 x(a, ε) 对使用者进行奖惩，其奖惩额度为 s(x)。假定使用者为采取奖惩措施需要付出的成本为 g(a)，政府希望使用者多努力，而使用者则希望自己少努力，尽最大可能"搭便车"，如果政府在制度设计上不能提供更多的激励，那么使用者不会尽自己的最大努力，此时的产权效率是较低的。产权所有者的效益函数 g(a, ε)=y(a, ε)-s(x)，产权使用者的效益函数 u(a, ε)=s(x)-g(a)。

政府在监督使用者使用自然资源时会产生监督成本 H，若政府不采取监督行动，那么理性的使用权人行为只受两方面因素的制约：一是使用者采取行动 a 的收益大于该行动的机会成本，并且行动 a 的机会成本最低；二是使用权人的行为是最优的，优于一切的行动 a' 所能带来的收益水平。此时可以得到使用权人的激励相容约束，行动的机会成本为 u，则其期望收益函数为：

$$
\begin{cases}
\max \int [y - s(x)] f(\varepsilon) d\varepsilon \\
s.t. \int [s(x) - g(a)] f(\varepsilon) d\varepsilon \geq u_a, \text{ 且 } u_a \leq u_{a'} \text{ 存在 } a' \in A \\
\int [s(x) - g(a)] f(\varepsilon) d\varepsilon \geq \int [s(x) - g(a')] f(\varepsilon) d\varepsilon
\end{cases}
\tag{2-2}
$$

在自然资源有偿使用制度设计的激励相容机制中，政府提供的资源使用奖惩 s(x)

可能为正，也可能为负。当使用者提供的产权价值高于制度要求时，s(x) 为正，低于制度要求时则为负。政府此时可以选择合适的 s(x) 激励使用权人付出相应的努力，最终实现自己的期望效用最大化，而使用权人则根据政策要求选择最优的努力程度，最大化自己的期望收益。换言之，自然资源管理制度设计必须要让所有者和使用者形成激励相容，此时的制度设计能够实现最优产权效率。

（二）制度变迁的产权效率增长机制

制度变迁是从一种制度的均衡状态到另一种制度的均衡状态的转变过程，也是多个利益主体多维博弈的过程，产权效率的优化在其中起着关键作用。自然资源的产权结构被清晰界定后，将会使产权主体获取自身经济活动的生产价值、生态价值和社会价值，并让产权主体选择成本最小的制度变革来谋求最大的经济收益。当然，制度创新提高产权效率是有前提条件的，那就是存在产权帕累托改进。不合理的制度成本结构非但不能提高产权效率，反而会成为经济社会发展的制约"瓶颈"。不合意的制度成本结构增加了各产权主体和相关者的利益冲突，有关主体关系的表现特征由双方博弈和多方博弈转变成合作交易，这种制度成本结构必须合理化。

同时应当注意的是，制度成本结构必须与经济社会发展阶段相适应，合理的制度成本结构布局能够提高经济增长的生产力水平，不合理的制度成本结构布局会阻碍经济增长和生产力水平的提高。

（三）制度运行降低产权配置成本

产权效率优化需要不断地调整投入与产出之间的技术关系，以最小的成本换取最大的经济效益、社会效益和生态效益。制度结构的成本约束对产权效率具有明显的约束性。一旦制度结构形成相对均衡后，产权主体可以对自身的行为成本进行相对合理的测算，对未来可能获得的收益水平进行合理的预期。制度结构使人与人、人与物之间的经济关联趋于稳定，使各产权主体逐步实现成本最小化，避免因收益的不稳定和信息的不完全而付出过高的沉没成本和机会成本，实质是降低了产权主体和利益关系人的经济运行成本，总体上反映为产权配置效率的成本降低。此外，制度结构可以降低产权效率的成本还体现在交易成本层面。产权效率提升关系到各个经济主体的利益再分配，整个利益分配过程都伴随着交易关系。合理的制度结构能够降低产权主体的交易成本，各产权主体通过在交易契约的谈判协商、实施合作、反馈监督等各个环节，通过制度结构的刚性约束，充分实现自身的经济收益、社会效益和生态收益，是降低产权配置成本的主要体现。制度运行与产权配置成本如图 2-2 所示。

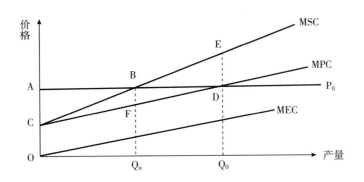

图 2-2　制度运行与产权配置成本

资料来源：张裕东. 海洋资源性资产产权效率研究［D］. 青岛：中国海洋大学，2013.

如图 2-2 所示，假定市场价格为 P_0，个别均衡产量为 Q_0，市场均衡产量为 Q_n，外部边际成本曲线为 MEC，个别边际成本曲线为 MPC，外部边际成本曲线 MEC 与个别边际成本曲线 MPC 在垂直方向相加所得的社会边际成本曲线为 MSC。其中，MEC 是外部性的体现，它无法通过价格机制得到实现，作为产权主体实际上只会考虑 MPC。根据西方经济学基本原理，当边际收益与边际成本相等时，利润实现最大化。即当 P_0 = MPC 时，该资源的使用主体获得最大利润水平，Q_0 为相应的产量。此时个别总成本为四边形 $OCDQ_0$ 的面积，社会总成本应为四边形 $OCEQ_0$ 的面积，此时三角形 ABC 的面积减去三角形 BDE 的面积为社会净福利。如果自然资源资产产权制度能使外部边际成本内生化得到反映，将外部成本通过价格机制来反映，那么自然资源资产使用主体在决定其均衡产量时，必须考虑到外部成本和个别成本的统一，此时产品价格与社会边际成本相等，即 P_0 = MSC，此时产权主体的均衡产量变为 Q_n，社会净福利为三角形 ABC 的面积，实现了资源配置的帕累托最优。由此可以得出，通过合理的产权制度安排可以解决自然资源资产产权行使中的外部性，降低制度的配置成本，提高自然资源资产的产权收益，进而提高自然资源资产的产权效率。

三、产权效率对制度创新的反馈机制

（一）产权效率对制度创新的绩效评价作用

产权效率本身可以通过效益总量的增加进行衡量，既有的制度结构是否促进了产

权效率优化、是否实现了产权主体的激励相容、是否降低了产权配置的成本，都可以通过产权效率进行反馈。结构合理、增长合意的产权效率会提高经济增长的质量和效益，减少经济增长所带来的不同产权主体之间的利益冲突，降低交易成本，拓展经济活动的协作空间。产权效率对制度创新的绩效评价作用大多通过产权安排的价值获得来实现，绩效高的产权效率会通过合意的增长水平、和谐的交易关系、较低的生态环境破坏和资源损失来推进经济社会发展。产权效率对制度创新的绩效评价还体现在当前的产权效率及其未来演变是否能促进经济社会高质量发展、可持续发展，如果某种制度设计下的产权效率不能确保经济社会具有发展的可持续性，那么就有必要进行制度改进。

（二）产权效率对制度创新的内在约束性

制度变迁具有阶段性特征，在一定的制度设计下的产权效率运行都不能超越其所处的历史阶段。产权效率与制度创新的传导和影响并不否定产权效率的阶段性特征对制度创新的内在约束。产权效率的界定通过制度设计对主体经济行为进行约束，但更为关键的是对经济行为的约束性是否与经济主体所处的经济发展阶段相匹配、是否与该发展阶段的生产力水平相适应。脱离了经济发展阶段性生产力水平的产权结构忽视了经济基础的决定性作用，必然引起上层建筑与经济基础的不相容。产权效率对制度创新的内在约束表现在两个方面：一是约束制度实施。产权制度决策者通过对行政程序及规则的制定来对不同的利益集团产生影响，在制度执行过程中，利益获取方往往通过强化资源利用结构变化的控制权来形成制度刚性，使制度越来越朝着有利于利益方的方向演化。二是约束违约行为。在高效的产权实施机制下，违约成本相对较高，违约行为的总成本大于收益，契约主体的违约行为形成负效用，从而持续减少因违约行为所增加的产权运行成本，促进产权运行效率的提高。

（三）产权效率影响制度结构演变

产权效率不是稳定不变的，而是动态演变的。制度结构变化是制度演变的常态。产权效率通过对制度创新结构的绩效评价和内在约束，大力促进了制度结构的稳步优化调整，实现了产权效率的适应性演化。二者处于动态调整过程，在演化中不断相互适应，实现关系融合，实现彼此相互促进。经济个体之间的博弈活动所导致的均衡规则变化对决策者和个体成员的知识不断地产生影响，构成了经济个体所处的动态外部制度环境。如果产权效率较高，意味着个体内部信息完整性较高，对信息熵和知识的把握度较高，其运行成本和交易成本较低，各项制度自身的更新和各项制度之间相互耦合关系的重新调整速度较慢，表现为制度结构稳定。如果产权效率较低，则意味着个体内部信息完整性不足，对信息熵和知识的把握度较低，其运行成本和交易成本较高，制度结构不稳定。

四、自然资源产权制度的双效率生命周期

任何一项产权制度的效率都不是永恒的、固定不变的，它会经历效率初置、效率递增、效率衰减和效率丧失的周期性变化，是从一种均衡状态逐渐演变为另一种均衡状态的动态变化。同时，自然资源由于其固定性、有限性等属性，其使用效率也会呈现类似的周期性变化，自然资源的边际收益和边际效率会呈现先增大后减小的趋势。使用效率与边际效率相互叠加，构成了自然资源产权制度的双效率生命周期。

（一）双效率生命周期的形成机理

从短期来看，产权效率在某个特定的历史时期具有相对稳定的效率优势，处于相对均衡状态，但资源的生产效率并非处于相对稳定阶段，而是正在经历边际收益增大的阶段，二者会出现效率错配。从长期来看，产权效率处于绝对动态变迁状态，这种效率是一种离散的效率变化过程，而自然资源的边际生产效率大多处于倒"U"形状态。在产权制度的变迁过程中，不仅要关注制度的结构和变迁的成本，更要关注产权制度的效率均衡和发展轨迹。

在任何一种产权制度下，一旦交易成本出现，不同的产权安排体现出不同的均衡和要素配置效率。一种有效率的产权制度的出现会对产权主体产生激励行为，会提高资源的配置效率和使用效率。为了分析自然资源产权制度的双效率生命周期，本书引入自然资源的"边际生产效率"和"制度边际需求"概念，"边际生产效率"是指在某一个技术水平下，在资源存量和资源使用制度既定的前提下，每增加一单位自然资源的投入所带来的产出的增量，用 MPE 表示，"制度边际需求"是指每增加一单位制度交易成本所引起的制度需求量的增加，用 MD 表示。而产权制度的效率主要体现在单位交易成本上。自然资源的存量在短期内是难以增加的，随着时间的推移，最开始的自然资源的生产效率由于资源潜力尚未发挥、制度优势尚未形成等原因，MPE 呈上升趋势，这一阶段在产权制度上表现为交易成本不断下降、制度优势不断形成。

自然资源产权制度的双效率生命周期的形成机理如图 2-3 所示。一项自然资源产权制度在推出之初（T_0 时刻）具有效率优势，此时由于在该制度下自然资源使用较之前一阶段的旧制度具有较为优越的条件（这种条件有多种表现形式，或为提高技术水平或者技术标准，或为刺激并改变了投入要素的组合方式进而提高了使用效率等），将促进自然资源的产出水平提高，表现为自然资源的边际生产效率出现提升，从 E_0 提升到 E_1。但应该注意的是，此阶段自然资源的边际生产效率并非一直保持快速增长，由于自然资源的存量短期内难以增加，随着技术、标准和要素组合所形成的生产力潜力的释放，资源的边际生产效率的增速将出现放缓，在模型中表现为 E_0 到 E_1 阶段的曲线斜率逐渐变小。在本阶段中，产权制度设计改变了原制度的信息熵，原有的利益对抗得到了缓和，利益相关主体形成了新的相对均衡，相应的制度单位交易成本不断下降，从 C_0 逐渐下降到 C_1。在这一阶段的后期，由于产权制度设计是一种非零和博弈，将逐渐形成潜在的利益对抗，进而刺激制度的边际需求开始出现（见图 2-3 中的 MD 曲线）。

进入第二阶段（E_1）后，制度创新所带来的资源生产能力几乎丧失，形成了制度刚性，自然资源的边际生产效率的增速逐渐回落，在曲线上表现为 E_1 到 E_2 的曲线斜率进一步下滑，在拐点 E_2 处为 0，此时自然资源的边际生产效率不再增加。此阶段潜在利益对抗在制度刚性条件下不如第一阶段明显，单位交易成本从 C_1 到 C_2 的斜率相对于第一阶段更为平坦，但此时 C_2 并非拐点，原因在于各种潜在制度需求的诱因尚未出现，新的利益博弈还没有形成，直到达到拐点 C_3。而对应时期的自然资源的边际生产效率已经由正转负，说明产权制度的交易成本降低滞后于自然资源的边际生产效率的衰减。因此，从 C_1 到 C_3 这一阶段为交易成本基本维持均衡的时期，产权制度的效率达到最优。在 C_3 处，已有产权制度引致的交易成本已经不再处于持续下降的优势状态，新的制度利益方已经形成，利益博弈已经开始，将导致单位交易成本上升，相应的自然资源边际生产效率不断降低，直到达到新的制度设计产生（C_4）为止，完成一个周期性变化。

应当指出的是，制度的边际需求呈离散型跃迁，在 t_1 之前的时期（通常 t_1 滞后于 T_1，即 $t_1 = T_1 + \Delta T$），制度边际需求快速增长，t_1 到 t_2 阶段制度边际需求增速放缓，原因在于进入了产权制度的效率稳定期，而度过拐点 A_2 后，资源边际生产效率开始衰减，对制度变迁的需要不断显化，制度边际需求迅速增强。

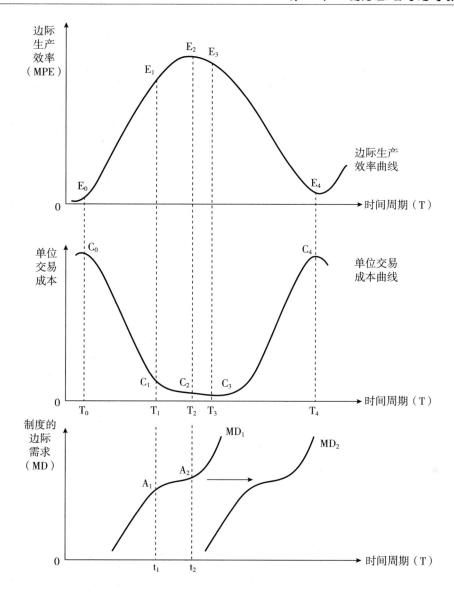

图 2-3　自然资源产权制度的双效率生命周期的形成机理

资料来源：笔者自行绘制。

　　从上述分析可知，自然资源产权制度存在资源边际生产效率和产权的制度效率两种生命周期，前者呈现先递增后衰减的变化周期，导致自然资源的边际单位成本呈现先递减后递增的变化周期，而产权制度的交易成本降低滞后于自然资源的边际生产效率的衰减。双效率生命周期形成的根本原因是制度刚性引起自然资源生产效率降低，进而给原有的利益主体带来影响，加速了制度创新进程，而制度变迁又引起了利益格局重组，两种效率周期相互影响形成联动。

（二）双效率生命周期与制度创新的不等价性

从上述理论分析可以看出，双效率生命周期与产权制度创新存在不等价性。首先，由于产权制度创新受到路径刚性、利益格局重组、技术溢出等多种因素的制约，当潜在利益诱导、既有产权制度效率损失出现的时候并非就会有产权制度变迁，在现实生活中也的确存在产权制度低效或无效的状态。这需要产权参与者的利益组合发生变化，如有强有力的系统设计来发动和实施，形成利益扩散效应并出现收益递增，由点及面的带动才有可能促使产权制度供给发生变化。

其次，当自然资源产权制度处于生命周期的效率递增阶段时，不意味着此时的产权形态一定是清晰的或者产权创新是实质性的，其间抑或存在一段时间的产权效率过渡期，即通过技术、组合方式等的微调，在不改变产权制度的前提下使产权参与人之间的利益格局进行调整达到短期均衡，从而降低产权制度创新的动力。

最后，产权制度变更是一项系统工程，涉及原有利益格局的调整，不可能采取激进方式进行。国家在进行制度设计时，必然考虑原有制度利益方的损失尽可能最小，在推进过程中一般会从局部试点，待形成较为成熟的经验之后再逐步推广，并在推广中不断修正。

（三）双效率生命周期的理论价值

第一，自然资源产权制度双效率生命周期是自然资源资产特有的效率周期，有助于政策制定者树立动态发展的新产权观，深化其对产权制度效率论的理解，科学进行产权制度安排。在经济社会发展和制度创新不断推进的体系中，任何产权安排的制度效率都是离散的，以静态的、固定的、逻辑性的产权效率观来解决现实社会中的产权制度供给问题是不科学的。

第二，自然资源产权制度双效率生命周期理论还告诫我们，传统的、绝对化的产权观也是不客观的。对自然资源资产产权效率的研究不应局限于全民所有的效率高还是集体所有的效率高，而应将多元化产权实现形式的效率作为研究重点。事实证明，全民所有和集体所有均具有各自的弊端，纯粹的国有产权不可避免地具有低效率因素，如实际产权主体缺位致使自然资源管理缺乏激励和决策自主性，管理能力有限性导致技术性资源闲置和浪费等。采取什么样的产权实现形式是自然资源管理的关键问题。

第三，自然资源产权制度的双效率生命周期理论对科学研究和系统掌握产权效率演化的发展机制、动力体系及其演进趋势具有重大理论意义，它揭示了自然资源产权演进的基本规律，有利于经济社会的健康发展和资源利用效率的提升。各种需求和动力机制决定了自然资源产权制度安排的能效，因而，对于产权效率运动规律的揭示有利于我们汲取以往的改革经验，更加科学地设计自然资源产权制度改革路径。

第三章 自然资源资产管理的国际经验

自然资源关系国计民生，是推动经济社会高质量发展的重要物质基础，为人类社会带来巨大的经济效益、社会效益和生态效益，是国家的重要资产。资产管理是国家自然资源管理的重要内容，其核心是产权管理，涉及统一登记、资产核算评估、用途管制、定价交易、监督管理等一系列经济活动。世界主要国家的自然资源资产管理基本上采取市场化运作方式，高度重视产权效率的提升，其中的一些做法和实践经验对我国推进自然资源资产管理体制改革具有借鉴意义。

第一节 国际自然资源资产管理的模式与趋势

一、国际自然资源资产管理的模式

从西方国家的历史来看，随着近代民法和普通法体系的形成，大多逐步建立了以土地私有为核心的相对较为完善的自然资源管理制度体系。西方国家传统上并不直接介入自然资源管理，更不干预自然资源资产的使用和经营管理，但是伴随 19 世纪兴起的自然资源保护运动和 20 世纪兴起的环境保护运动，政府对自然资源和环境的行政管理也逐步发展起来，主要通过两种方式实施管理：一是为公共目的保留一部分自然资源为政府所有；二是对自然资源实行一定的用途管制，在私人产权上形成一定的公共权利，建立了混合财产权制度。总体来看，西方国家不存在绝对意义上的自然资源所有权,而是在其上附加了资源、环境保护等方面的公共权利。

根据土地所有权与自然资源所有权的关系来划分,目前国际上自然资源管理运行主要有以下三种模式:

第一种模式:以英国、美国等国家为代表的土地所有者体系。自然资源归土地所有者所有,土地所有者对其土地内赋存的自然资源享有所有权,只有土地所有者自身或从土地所有者那里得到许可的人,才能拥有对地表或地下的自然资源进行勘查和开发的权力。

第二种模式:以日本、法国、德国等国家为代表的两权分离体系。这是欧洲大陆各国较普遍采用的自然资源管理制度。特点是自然资源所有权与土地所有权相分离。如果没有申请特别权利,土地所有者不能进行自然资源的勘查和开发利用。自然资源产权由政府授予勘查者或开发利用者。

第三种模式:发展中国家的国家所有体系。明确规定自然资源(特别是矿产资源)是国家或全民的财富,既不属于国家财产中的公共财产,又不属于私人财产的一种特殊财产,自然资源产权为国家或代表国家利益的国有自然资源型企业所有。其特点是:明确了国家与自然资源的关系,确立了国家对自然资源的所有和支配权力;设立了国有自然资源开发利用企业,将自然资源产权授予国有自然资源企业,由其全权进行勘查、开发利用和处理;明确规定使用事项、生产分配、申请人进行作业等必须由国家参与指导,国家征收各种税费以获取更大的利益;在同国外企业合作进行自然资源的勘查、开发利用时,以本国的自然资源法律为准;解决国际间的自然资源纠纷时,在国内进行裁决,并以本国的法律为依据。

二、国际自然资源资产管理制度的演变趋势

20 世纪 60 年代以来,随着自然资源滥用带来的资源耗竭、环境问题加剧、生态退化、发展不可持续等问题,自然资源稀缺性持续上升,加强自然资源产权管理势在必行。存在两种选择路径:一种是实行自然资源产权彻底私有化;另一种是建立国家所有权制度,国家对绝大多数自然资源实行集中控制。当代国际自然资源产权制度呈现出国家干预加强、国家所有权与个人私有权并存、部分重要自然资源公有化的趋势。

产权私有化的理论基础是罗纳德・哈里・科斯的产权制度理论。但是,对于自然生态系统中提供环境功能的自然资源(如气候、空气)而言,由于其具有明显的公共物品特点，无法界定受益主体，共同权利难以分割，通常由公共机构来管理，并由国家对保护地区或个人做出补偿。在一些容易进行产权分割的自然资源管理中，因产权私有化自然资源也不易实现可持续利用，经常出现私人最优决策与社会最优决策不一致，导致自然资源所有者个人利益最大化、滥用自然资源的现象发生，客观上需要政府对自然资源管理进行干预，对自然资源私人产权进行适当的限制和约束。

伴随着国家间对一些全球性战略资源的争夺日益加剧，国家所有权在很多国家的自然资源产权结构中的地位迅速上升，并出现了超越政治意识形态的趋同性。世界各国出现了将一些重要的自然资源国有化或公有化的趋势。许多国家宣布水资源、能源和矿产资源、海域为国有财产，如法国、波兰、西班牙、英国等。

在水资源方面，大多数国家的水资源为国家所有。其中，美国的制度较为特殊。由于联邦与州均拥有立法权，为了规避双重立法可能产生的法律冲突，联邦将部分自然资源的立法权赋予各州。例如，美国各州都制定了各自的水资源规范，有的州制定了专门的水法典，有的州将水资源置于州宪法或州民法典中的有关规定。各州关于水资源归属的规定虽有所不同，但水资源为州所有或为全体人民所有已基本成为共识。例如，路易斯安那州、佐治亚州、得克萨斯州①等规定水资源为州所有，而马萨诸塞州、华盛顿州、阿拉斯加州、俄勒冈州、科罗拉多州②等规定水资源为全体人民所有。另外，也有个别州如加利福尼亚州，将水资源视为土地附属，属于私人所有。

土地虽然在私有制国家可以为公有或私有，但土地的公有化也是世界各国发展的趋势，公有土地所占的比重在逐渐增加。对于矿产资源，美国、英国、荷兰、澳大利亚等国家通过矿产经营国有化、增加税收和土地使用费、控制对外贸易，或是通过规划和控制污染等法规，不断增强政府对矿业生产的影响。

---

① 《路易斯安那州民法典》第 450 条规定："公共物品归州和作为公共管理人的州政府所有。归州所有的公共物品包括流水、适航水域的水体和水底、界海和海岸。"《佐治亚州水资源保护法》第 1 编第 1 章第 2 条规定："依据普通法的公共信托原则，作为一项主权，佐治亚州政府是本州人民权利的受托人，来使用和享有所有的水资源，以用于捕鱼、通行、导航、商业及运输。"《得克萨斯州水法》第 3 条第 1 款规定："保护和发展州的水资源是州的一项公共政策，包括控制、储存、保持和分配因暴雨与洪水而给州带来的水源，以及河流和小溪中的水，以用来灌溉、发电和实现其他目的。"

② 《马萨诸塞州水道法》第 2 条规定："水资源属于全体人民。"《华盛顿州水法》第 10 条规定："依据现有权利，州内的水资源都归公众所有。关于水的任何权利或对水的使用，今后都只能通过为了有效利用而占有水的方式，并且通过法定的方式取得。在占有者之间，先占先得。"《阿拉斯加州水使用法》第 30 条规定："在州的任何地方，水都被保留于人民共同所有，并且应遵从于适当和有益的使用以保持溪内通常流量和水等级。"《俄勒冈州制定法》第 537 章第 110 条规定："州内所有的水资源均归公众所有。"《科罗拉多州宪法》第 16 章第 5 条规定："州内未被占有的任何自然溪流中的水资源，在此都被宣称为公共财产，并且同样应被全州人民使用，以占有为原则。"

森林在一些国家虽可以为国有、地方政府所有和私人所有，但国有和地方政府所有的森林占这些国家森林面积的大部分。对于野生动物，俄罗斯、澳大利亚、保加利亚、匈牙利、蒙古国等国家规定为国有，美国等国家规定濒危野生动物为国家所有。此外，除水、矿产、土地等自然资源常规类型外，随着社会的发展和科技的进步，由国家专门管理的新型自然资源的种类，如自然生态空间、空间轨道资源等也大多趋于为国家所有。

总之，自然资源实行国家所有或成为公共资产已成为世界各国的共同发展趋势，自然资源使用和开发经营有了共同的所有权基础。

第二节　国际自然资源资产管理的主要手段

一、产权登记

通过对自然资源资产进行确权登记来掌握自然资源资产的数量与质量，明确自然资源所有与开发经营利用的各项权益，是世界各国最常用的管理手段。世界各国在自然资源确权登记方式、内容等方面均建立了各有特点的政策体制。

在登记方式上存在三种主要方式①：第一种是分离登记模式，即按照管理需要将不同类型的自然资源分别由不同的机构进行登记。例如，美国为促进市场主体对矿产资源进行适当的开发利用和经营管理，对矿产资源采取单独登记的方式，以在土地上单独进行"矿物测量"来确定矿产资源的地理空间位置，并用醒目的外部边界线明确标注在土地上。再如，对水权的登记也是脱离承载物——土地进行的。这种方式有利于促进自然资源的开发利用，充分体现了自然资源的经济属性，但却割裂了自然资源的生态完整性。第二种是仅登记土地模式。例如，澳大利亚仅对土地权属进行登记而不对土地上的自然资源权利进行登记，然后运用各类自然资源法来明确土地上不同类型自然资源使用、开发与保护的各项权利与义务，对土地所有权人的自然资源利用相关权利进行一定限制，实现对自然资源资产的保护和合理利用。

---

① 陈华飞. 国际上是如何做自然资源确权登记的？［N］. 中国自然资源报，2018-07-20.

这种方式强化了自然资源共同组成生态系统的完整性，有利于实现自然资源系统的整体保护。第三种是整体登记模式，即把土地（包含其上的建筑物、附着物、植物、水域等）作为一个产权登记的整体，从土地及其附着自然资源综合保护的角度开展登记工作。例如，瑞典将二维平面宗地转变为三维立体登记模式，对一宗土地同时进行地面（土地权属）、地下（地下水、矿产种类质量权属等）及地上（森林、树木种类质量权属等）的产权登记，从而避免了重复测量、确权和发证，提高了登记的科学性和社会公信力。

在登记的范围和单元方面也有三种方式：第一种是按照权属边界进行登记。例如，英国、澳大利亚、瑞典等国家，主要是按照宗地边界进行登记，包括宗地的位置和宗地图编号等法定描述，土地权利人、共享权益或共有权益人的基本信息和属性，宗地上存在的抵押、租赁、地役和收益等各种权益以及土地用途管制等内容。第二种是以管理边界划定登记单元。例如，美国国家公园的登记以保护为导向，对开发建设行为一律限制，经提案申报、资源调查与评价、利益主体协调等持续确定国家公园的管理保护边界，再以此边界作为登记单元进行登记，充分尊重自然资源的生态属性。管理边界的确认一方面要考虑当地政府的规划因素，另一方面要考虑行政管理的需要，从国家公园的规模、布局、权属、成本等因素考虑管理边界的可行性。第三种是以类型地块进行自然资源产权登记。例如，俄罗斯水资源登记就是以"水体"地块为登记单元，通过登记"水体"的产权来明确水体中水资源的产权。

二、规划编制

规划编制是自然资源资产管理的重要工具，我国和其他国家均把该手段作为法定管理手段，对自然资源资产管理起到了重要作用。我国与其他国家规划编制的主要区别在于编制方法的不同。我国的自然资源资产管理规划编制主要采取的是调查研究、SWOT 分析、PEST 分析、卫星遥感、地理信息系统等方法，而国外的规划编制除了这些方法外，还出现了一些较为先进的、实用的方法。例如，利益主体分析，它是针对资源规划和项目开发涉及的利益主体、资源开发对其的重要程度以及自然资源使用对其影响力等方面进行分析评价，这种方法有助于更好地了解复杂的社会环境和社会需求。此方法与我国自然资源规划中的社会风险评估具有一致性，但二者的区别在于社会风险评估主要针对的是自然资源规划所导致的社会风险，利益主体分析则涉及所有利益主体，包括政府、社会组织、企业、个人等。再如，多目标决策分析，在编制规划的时候通常会设置多个相互关联的技术方案，各利益主体根据方案进行多次磋商和谈判，本质上是一个协调矛盾的过程。当前我国规划编制过程中强调问计于民，也是这种多目标决策分析的体现。

三、政策制定

由于社会制度的差异，国外的自然资源资产管理政策制定与我国有所区别，集中体现在制定资源资产处置和收益等方面的法规与政策标准。例如，矿产资源权利金政策[①]，美国在 2005 年颁布了《联邦矿产品发展和土地保护法案》（*The Act of Federal Mineral Development and Land Protection*），把全部硬岩石、冶金矿产业、煤炭、石油、天然气等纳入权利金征收范围，由内政部按销售收入的一定比例进行征收（露天矿为 12.5%、井工矿为 8%），权利金按矿产资源归属分别归联邦政府、州政府和私人所有，此外美国还建立了与之配套的保证金制度、耗竭补贴制度。再如，森林资源认证政策[②]，英国通过鼓励公众实施绿色采购，强化森林资源的认证评估，倒逼森林资源保护，对英国森林资源管理和对外贸易产生了重大影响。

四、开发利用经营

西方国家的自然资源资产开发利用主要有以下三种方式：一是自然资源管理部门直接参与自然资源资产的生产经营活动。例如，英国皇家资产管理局既是行业管理部门，又是行业的具体实施部门，甚至直接参与土地建设投资，在英国的住宅建设投资中一直是主要力量。19 世纪末，英国政府便着手进行住房建设投资干预，第二次世界大战后大力实施社会保障性住宅建设。此后英国政府投入逐渐减少，保障性住房的发展进入低潮。二是提供可负担住宅，也就是提供政府补贴房给那些需要居住但没有经济能力在市场中租赁或者购买商品房的居民，包括廉租房、经济适用房（包括产权共享经济适用房，即部分买部分租的房屋）以及部分情况下的低价商品房[③]，其主要职责包括由皇家资产产生的资产收益直接上缴到国库，确保皇家资产不断升值和产生效益。

---

① 李男，孟磊．我国矿产资源权利金制度构建研究［J］．经济师，2008（12）：108-109.
② 李小勇，等．英国林产品政府采购政策市场影响评估［J］．世界林业研究，2015，28（6）：80-83.
③ 环球印象．英国房地产行业管理部门与主要政策［EB/OL］．http://www.zcqtz.com/news/64891.html，2016-12-01.

目前，占主导地位的经营内容包括地区零售和休闲、农业和土地战略、海上风电。英国林业局也可以直接经营国有林地，保护和扩大英国的森林资源、提高森林资源的经济价值是其重要任务。英国国有林资金主要来源于国家林业基金，该基金由国家林业局统一管理，其不受年度预算支配，国有林经营收入不上缴，专门用于发展林业生产，不足部分由政府按预算拨款补足，基金主要来源于国有林林产品和土地财产租金、国家预算及个人捐款等。这种制度设计不仅保障了国有林地发展的物质基础，也满足了公众对森林生态效益要求的不断提高。三是由私人或公司进行经营、由自然资源管理部门进行监管。最具有典型代表意义的就是英国的水资源管理，英国的水资源管理实行中央对流域统一管理与水务（开发经营管理）私有化相结合的管理体制。由英国环境署发放取水许可证和排污许可证，实行水权分配、取水量管理、污水排放和水质控制。在营运上按照管理成本与收入平衡原则，英国供水公司在获得政府取水、污水排放许可证之后，在政府分配的水权和指定的服务区域内实行自主经营、自负盈亏。

五、资源收益管理

基金是国外自然资源收益管理的典型形式。例如，建于 20 世纪 90 年代中期的挪威政府石油基金①，该基金既有储蓄型的特点，又有稳定型的优点，对保持政府预算稳定起到了关键作用。1998 年，挪威中央银行（Norges Bank，NB）建立了挪威央行投资管理（Norgers Bank Investment Management，NBIM）作为专门的基金投资机构，其主要功能就是发挥投资管理者职能，对全国石油收入进行科学管理，具体实施部门是挪威财政部和挪威中央银行。挪威政府石油基金明确了挪威财政部和挪威中央银行之间的责任划分：财政部对石油基金承担管理责任，挪威中央银行承担挪威政府石油基金的运作与经营。挪威财政部的责任主要是制定长期投资策略、确定投资基准风险限制、评估管理者以及向议会报告基金管理情况。而挪威中央银行则按照投资要求进行石油基金的投资经营，以获取尽可能高的经济收益。NBIM 与挪威中央银行相互独立，其董事不参加国家货币政策的研究制定。公司的业务主要集中在公共市场投资，主要投资于股票、有固定收入和策略资产配置的部门。按照基金公司的管理要求，NBIM 的经济行为必须透明化并接受挪威中央银行的监管。发达国家大多

---

① 陈茜茜．资源收益管理：国外案例的经验与启示［J］．生产力研究，2011（10）：148-150.

也采取基金公司这一方式进行自然资源资产的收益管理，充分体现了资产收益的市场化特点。

六、自然资源资产负债表

自然资源资产负债表起源于由联合国、欧盟、世界货币基金组织（International Monetary Fund，IMF）、经济合作与发展组织（Organization for Economic Co-operation and Development，OECD）和世界银行等国际组织倡导的综合环境与经济核算体系，其后世界各国纷纷开始探索自然资源资产负债表的编制。2000 年以后，美国陆续发布了《文物资产和土地》（*Heritage Assets and Stewardship Land*）、《联邦油气资源会计》（*Federal Accounting Standards for Oil and Gas Resources*）、《油气资源以外的自然资源会计》（*Accounting Standards for Natural Resources Other than Oil and Gas Resources*）等具体准则来规范木材、外大陆架石油、天然气、牧地、草原等八类自然资源资产的确认、计量和披露等会计问题，对自然资源资产估价通常采用市场估价法，环境会计体系分为以自然资源为核算对象的资源储备会计、以能源为核算对象的物质能量流动会计和以生态资源为核算对象的环境保护会计三类，并建立了严格的会计信息披露制度。英国将"自然资源资产"价值纳入政府资产负债表框架的"环境账户"科目下，主要包括土地，木材，已探明、可采、可能的石油与天然气储量，英国将土地和木材放在政府资产负债表中的非流动资产类"物业、厂房和设备"与"生物资产"科目核算，林地资源价值则按照木材买方愿意支付的终值进行现金流贴现，油气资源以市场公允价值评估具有商业开采的资源价值。1990 年，菲律宾创建了环境账户，所采用的办法是建立一切经济投入和产出账户，包括非市场商品和服务的环境，它们收集薪材和废物等处置信息，对空气、水、土地所提供的服务进行货币价值测算，然后直接汇总到服务消费行列中。[①] 自然资源资产负债表作为自然资源资产管理的重要技术工具，全国各地正在试点探索。

---

① 王泽霞. 自然资源资产负债表编制的国际经验借鉴与区域策略研究 [J]. 商业会计，2014 (9)：6-10.

第三节　国际自然资源资产管理的经验特点

一、统一管理框架下的分类管理特征明显

当前，多数国家实行自然资源公有，自然资源产权国有、收益共享是国际通行原则。在市场经济国家，土地并不全是私有的，公有（包括国家所有和各级地方政府所有）土地占有相当一部分比例。但是，各国在公有自然资源所包括的范围、实行公有的比重和具体的所有制等方面存在差异。自然资源公有的主体因国家及资源种别有所差异，具体包括联邦所有、州（省）所有、市（县）所有等。即便是实行私有制的国家，也通过一系列法律的方式实现了对自然资源的控制，以此限制私人任意开发和利用自然资源。

由于每种自然资源的自然属性、经济属性、生态属性有所差别，优化配置和管理的目标也有所不同。对于矿产等经济属性较强的自然资源，重点是处理好市场和政府的关系，既要保证产权主体自主经营的权利，又要公平、合理地分配资产收益。对于生态属性较强的自然资源，国家作为公众代表进行资源管理和保护，这种资源一般不会按照资产进行管理，而是保障公众能够自由、平等地享受权利。

公有自然资源资产管理一般遵循"谁所有—谁管理—谁收益"的原则，核心是资源财产权的管理，在通过让渡自然资源使用权获得产权收益的同时，放开具体的市场经济活动，实现政府宏观调控与市场经济活动的有机结合。不同的自然资源产权规制方式不同，追求的管理目标也不一样，优化自然资源配置的方式也有所差异。例如，俄罗斯自然资源所有权由国家所有制、集体所有制、集体股份所有制和公民所有制四类组成，但国家对自然资源所有权仍可以进行严格控制，形成了俄罗斯特有的以公权管制为主导的自然资源所有权控制模式①，由俄罗斯自然资源与生态部负责对矿产资源、水资源、森林资源等实施统一管理，同时通过立法的形式将土地、能源等经营性自然资源单独分离出来，划归经济发展部和能源部管理，实现了经营性自然资源和公

---

① 洪旗，陈华飞.国外自然资源管理都有哪些模式？［N］.中国自然资源报，2018-5-24.

益性自然资源的分开管理，在产权上实行登记与管理分离的原则，由俄罗斯联邦地籍管理总局进行登记，由财产关系司管理自然资源权属。这种制度设计对于加强国家对自然资源绝对管理权限方面有积极作用。

再如，日本的大部分国有和公有土地主要为国家和全民的公共利益服务，把生态保护作为第一要求，全国国有林区绝大部分都为防护林，主要作为生态保护之用，公有林由地方政府管理，主要发挥公益作用，即便是私人所有的自然资源，也做了严格的使用用途的限制，限制或禁止对自然资源的开发与利用，并通过经济手段对保全自然资源有贡献者实行补助制度。

二、多元化的自然资源资产经营管理体制

自然资源资产种类繁多，价值效益复杂，客观上要求在统一的管理制度下采取差异化的资产管理方式和资产收益方式。从当前国际自然资源资产经营管理与收益方式来看，主要采取的是出租、出售、资源入股和国家经营四种方式。对于具有主要生态战略意义和涉及国计民生重大发展的自然资源，世界各国基本上都取消了私有化的市场经营方式，而采取以国家所有和国家经营为主的方式，但对于部分可再生且具有较高经济价值的自然资源资产，部分国家采取了私有化经营的方式。例如，新西兰于2011年启动机构改革，组建了初级产业部门，推动林业由多效经营模式逐步转向分治经营模式，开始进行林业分类经营改革。其中，将人工林进行私有化改革，人工林被许多林业公司收购进行规模化和专业化经营，但同时严格控制天然林资源的工业利用。私有化企业运用高新技术手段改进常规育种方法，保证人工林持续高产，防止地力退化，取得了成功。

出租是国外自然资源资产经营管理的主要方式，在各种资产收益中与自然资源资产有关的收益占70%~80%。例如，美国的土地有三种所有者关系，即联邦政府所有、州政府所有和私人所有，联邦政府从国家发展战略和社会公益事业出发，兴建铁路、公路及其他设施必须通过交换或购买的方式取得州属公有土地或私人土地，而企业建设通信、输电、输油等管线要通过公有（联邦或者州政府）土地的地表或地下时，都必须向联邦政府或州政府土地管理局通行权处申请批准，并支付相应的地租。

能源资源和矿产资源领域多采用资源入股，国家以自然资源所有者的身份持股私有资源公司，按照股份分享资源收益，还有部分国家通过建立国有公司直接经营自然

资源资产。例如，巴西淡水河谷公司成立之初是巴西最大的国营采矿业垄断企业，巴西国家政府通过国家资产投入和国家开发银行向其注资，代表巴西国家政府控制了全国大多数矿业开采挖掘等方面的资源。

三、建立完善的运行规则和公共服务体系

国有自然资源资产是非常重要的国民财富。首先是资源具有国家战略意图；其次是资产需要符合资产运行管理的一般规律；再次是自然资源资产管理的方式既要符合自然资源管理的特征又要符合资产管理的特点；最后是国家所有的自然资源资产与私人所有资产不同，它更强调国家利益的需要。因此，各国在实施分类管理时均建立了完善的运行规则以确保自然资源资产管理效率。

第一，为体现自然资源资产的经济属性，普遍采取了市场化的运行机制。政府在自然资源资产的取得和处置方面，都通过公开市场进行操作，如通过出租、出售、作价入股、公私合营等市场化方式，将自然资源作为政府和国家资产交由特定主体运营，并且建立了完善的政策体系确保在自然资源的公有属性不变的前提下充分发挥价值规律的作用，通过权利的有限让渡获得资产价值的最大化。在政府自然资源资产的占有和使用管理上，一般采取使用者付费机制，由资源的使用者（个人、企业或社会组织）按照市场规律进行偿付。而要实现市场化的偿付就必须进行市场化的资产价值确定，如进行自然资源资产会计核算、编制资产清册、确定基准收益率以及动态调整机制等。

第二，国有自然资源资产管理必须符合国家利益。自然资源资产管理以各部门机构和政府的公共服务目标为基本遵循，结合不同类型资源资产的组合情况，从全局出发进行资产管理工作。在处理自然资源资产时，各国均把满足公共利益需要作为基本目标。主要通过三种方式获取公共利益：第一种是持续性地兼顾代际利益的基金管理，如加拿大的国家自然资源基金等；第二种是将以权利金、税费等方式纳入国家财政体系，如澳大利亚把自然遗产和土地资源统一纳入国有财产的框架体系；第三种是投资国有企业的生产经营活动，获取国有公司的股份分红收益，如改革前的英国天然气集团，根据其股本结构将收益中的部分股利返还给英国政府。

第三，充分考虑自然资源资产的生态属性，普遍采取立法的方式协调保护和开发管理的关系。例如，美国颁布了多项法律，形成了自然资源资产管理的法律体系，将开发与保护有机衔接。澳大利亚也对采矿业进行了单独立法，对勘探权、生产权、收

益权等各项权利进行了明确规定，确保各种行为的合法性。

除了建立运行规则外，各国还建立了行之有效的自然资源资产公共服务体系。主要分为三大类①：第一类是财政资助，包括补贴性资助和免息贷款两种形式，前者通过合同契约的方式提供，由政府每年发布补贴计划，可以直接补贴给资源使用者，也可以采取政府购买服务的方式补贴给第三方，购买有关技术服务再提供给使用者。后者主要提供小额贷款给自然资源使用者进行设备购买、设施建造等。第二类是进行技术指导或提供技术标准。从19世纪末20世纪初起，各国相继建立起自然资源开发利用的技术指导机构，对自然资源管理进行技术服务，有的由政府机构建立，有的则是由第三方机构研发或由行业协会组织实施。第三类是信息服务，包括自然资源的自然属性特征和生产信息、产权信息等，以及有关政府机构通过调查、评价后建立数据系统，如澳大利亚的地产数据收集系统、美国区域办公室的资源信息数据库等。

四、形成各部门相互制衡的资源管理体制

由于自然资源涉及面广、体系复杂，目前还没有哪个国家完全由一个部门行使对自然资源资产的管理，即便是采取统一管理模式的国家，一般也是以某个部门为主导，其他部门相互配合，或者以某个部门行使最关键的几个职能，其他部门进行职能再分配的体制机制。以美国为例，虽然内政部是综合的自然资源管理部门，但只是相对综合，单门类资源都有自己的专门管理机构，职能并没有被完全综合，美国的自然资源管理体制涉及多个部门及军队，形成了各司其职的管理体系。再如，英国实行的是典型的以城乡规划为基础、以生态管理为导向、以科技和信息知识为支撑，资源管理与产业管理和资产管理相结合的现代综合管理体制。英国经历了长期的历史发展演变，不同类型的机构多次分合，但总体趋向于资源综合管理三要素的构建，实现某一类型资源管理要素在一个内部部委内的综合管理，如资源综合管理中的综合规划管理、综合生态管理、综合技术支撑。其中，自然资源的社会属性管理职能由社区和地方政府部门行使，主要承担土地评估审裁和规划督查职能，自然资源的生态和经济属性管理则由多个部门行使。巴西则采取委员会制，根据自然资源的不同类型，分设了若干委员会，以发展资源产业为核心、以解决贫困为导向，形成了政府部门与专业委员会分别行使资源管理职能的局面。

---

① 唐京春. 国外自然资源公共服务及对我国的启示［J］. 中国国土资源经济，2015，28（1）：16-19.

第四章　我国自然资源资产管理
体制的历史变迁

国家自然资源资产是国民经济和社会发展的资源基础和物质基础，关乎民族福祉和永续发展。中华人民共和国成立以来，我国自然资源资产管理体制经历了从初步建立到体制重构再到调整完善的阶段性变化，从党的十一届三中全会到党的十八届三中全会再到党的十九大以后，我们对自然资源资产管理的认识不断深化、管理职能不断健全、管理手段不断科学化。尤其是在四十多年的改革历程中，自然资源资产管理体制不断完善，相关法律法规和管理机制不断健全，自然资源资产管理体制逐渐走向相对集中。

第一节　自然资源管理体制初步建立（1949~1977 年）

1954 年的《中华人民共和国宪法》明确规定："矿藏、水流，由法律规定为国有的森林、荒地和其他资源，皆属于全民所有。"[①] 为我国自然资源权属确定进行了明确的法律界定，但在中华人民共和国成立以后到改革开放之前，我国的自然资源配置主要依靠行政划拨。在经历了与自然资源资产相关的一系列改革后，自然资源资产的公有产权初步确立。当时的国家法律仅对自然资源的所有权做出了规定，但对于土地资源、森林资源、草原资源、矿产资源、水资源等重要资源的其他权属没有明确。国家在对自然资源资产的实际管理中无法从整体上统筹和管理，再加上使用主体的积极性

---

① 详见 1954 年《中华人民共和国宪法》第六条。

和创造性并未被有效激发，导致诸多资源遭到浪费。

这一阶段企业成为国家自然资源资产经营的加工厂和生产基地，国有资源型企业成为这一时期我国经济发展的重点领域，直接推动国民经济突飞猛进地发展，涌现出了攀钢、首钢、大庆油田等一大批支撑当时中国经济发展的重点企业，成为我国自然资源资产开发与生产的核心。此阶段的国有资源型企业成本意识和逐利动力均较淡化，无论是经济效益还是社会效率、生态效率都处于较低的态势，这也为日后经济发展中的资源环境问题埋下了隐患。

第二节　国家自然资源管理体制重构（1978~1992 年）

1978 年，安徽省凤阳县小岗村进行家庭联产承包责任制改革，将土地产权分为所有权和经营权，所有权仍归集体所有，经营权则由集体经济组织按户均分包给农户自主经营，纠正了长期存在的管理高度集中和经营方式过分单调的弊端，使农民在集体经济中由单纯的劳动者变成既是生产者又是经营者，极大地调动了农民的生产积极性，较好地发挥了劳动和土地的潜力。这一伟大壮举掀开了改革开放后中国自然资源资产管理体制改革的新篇章，推动了我国自然资源管理体制进行自我完善与重构。

一、建立自然资源资产管理法律法规体系

改革开放以前，我国自然资源的开发利用和管理主要依靠行政计划，自然资源多头管理严重，尤其是农、牧、渔、林业交叉管理，职责不清，自然资源管理处于低效状态。1979~1992 年，我国建立了自然资源管理的法律体系，对自然资源产权的法定形式进行了探索，为自然资源资产管理制度的建立奠定了基础。

改革开放初期，我国修改了《中华人民共和国宪法》，出台了《中华人民共和国环境保护法》，从根本上确立了自然资源国家所有的法律地位和合理开发利用、保护自然资源的基本思想。尤其是 1979 年《中华人民共和国环境保护法》的通过，要求合理保护和发展各类自然资源。1982 年《中华人民共和国宪法》进行了修改，其中第九条规定："矿藏、水流、森林、山岭、草原、荒地、滩涂等自然资源，都属于国家所有，即

全民所有；由法律规定属于集体所有的森林和山岭、草原、荒地、滩涂除外。国家保障自然资源的合理利用，保护珍贵的动物和植物。禁止任何组织或者个人用任何手段侵占或者破坏自然资源。"这两部法律中有关自然资源的相关规定，奠定了自然资源开发利用与保护管理的基本原则。

有了前两部法律的坚实基础，我国逐步构建了自然资源开发、保护、管理的法律体系，制定了《中华人民共和国海洋环境保护法》（1982年）、《中华人民共和国森林法》（1984年）、《中华人民共和国土地管理法》（1986年）、《中华人民共和国矿产资源法》（1986年）、《中华人民共和国渔业法》（1986年）、《中华人民共和国野生动物保护法》（1988年）、《中华人民共和国水法》（1988年）等，并制定了相关实施细则或条例，对自然资源产权做出了相关规定，逐步建立起了自然资源产权制度。这些以自然资源单项法律为主体的法群，代表着我国自然资源资产管理开始走上法制化道路。

同时，随着市场经济体制的不断健全，自然资源作为重要的生产要素，自然资源资产产权市场开始发育，标志着自然资源开始走上市场化和资产化道路。1984年，国务院正式发布了《中华人民共和国资源税条例（草案）》，意味着我国自然资源管理体制的一大进步。这些法律的出台，改变了以前以行政控制替代法制的局面，推动了社会主义市场经济的发展，但对于自然资源产权的市场交易仍然有待放开。

二、自然资源管理机构做出部分调整

随着自然资源法律法规的完善，自然资源主管部门也做出了相应的调整。1986年中华人民共和国国家土地管理局成立；我国农业资源和森林资源由统一管理逐步走向专门管理，农、林、牧、渔业管理之间的关系逐步清晰，1979年撤销了中华人民共和国农林部成立了中华人民共和国农业部和中华人民共和国林业部，1982年把农、牧、渔的管理集中到中华人民共和国农牧渔业部，1988年撤销了中华人民共和国农牧渔业部，更名为中华人民共和国农业部。

1979年第五届全国人民代表大会第六次会议决定撤销中华人民共和国水利电力部，分设中华人民共和国水利部和中华人民共和国电力工业部。1982年机构改革再次将中华人民共和国水利部和中华人民共和国电力工业部合并，第二次重组设立中华人民共和国水利电力部。1988年4月，第七届全国人民代表大会第一次会议上通过国务院机构改革方案，确定成立中华人民共和国水利部。

1982 年成立中华人民共和国城乡建设环境保护部，内设环境保护局，1984 年中华人民共和国城乡建设环境保护部环境保护局更名国家环境保护局，1988 年撤销中华人民共和国城乡建设环境保护部，设立中华人民共和国建设部。

这一阶段的显著特点是自然资源分类管理和专门管理的国家意图非常明显，与改革开放的现实需求相吻合的自然资源管理体制逐步形成，资源有偿使用已成法定制度，但自然资源资产管理的体制机制尚未理顺。

三、自然资源分类管理特征明显

通过机构调整和法律制度的建立，这一阶段我国基本上形成了自然资源分类管理的格局，自然资源按类型从分散管理走向了相对集中管理。

1986 年成立了中华人民共和国国家土地管理局，作为国务院直属机构承担全国城乡土地、地政的统一管理工作。省、市、县和部分乡镇纷纷建立土地管理机构，土地的五级管理体制形成。在矿产资源方面，《中华人民共和国矿产资源法》（1986 年）明确规定："国务院地质矿产部门主管全国矿产资源勘查、开采的监督管理工作。" 1988 年又将 "履行对地质矿产资源综合管理""地勘工作行业管理""地质矿产资源的合理开发利用和保护监督管理" 和 "地质环境监测、评价和监督管理" 四项职能写入了中华人民共和国地质矿产部的 "三定方案"，随后，省、市、县三级地矿部门也纷纷组建。这一阶段海洋资源的分散管理状态变化不大，但国家海洋局已不再是技术服务部门，其规划管理职能和环境管理职能得到了强化。

第三节 自然资源资产管理持续推进（1993~2012 年）

随着市场经济的不断发展，对自然资源资产的管理提出了更高的要求，按照管理资源的方式管理自然资源资产的弊端不断显现，可持续发展成为自然资源资产管理的目标，自然资源资产管理体制开始有了新的要求。

一、法律法规框架深度构建

该时期自然资源管理体制处于调整阶段，法律法规随着自然资源管理体制的变化而相应地进行了丰富和完善，资源资产化管理的法律意识不断形成并得到巩固。这一时期制定了《中华人民共和国农业法》（1993 年）、《中华人民共和国煤炭法》（1996年）、《中华人民共和国节约能源法》（1997 年）、《中华人民共和国海域使用管理法》（2001 年）、《中华人民共和国农村土地承包法》（2002 年）等；对《中华人民共和国矿产资源法》（1996 年）、《中华人民共和国土地管理法》（1998 年、2004 年、2012年）、《中华人民共和国森林法》（1998 年）、《中华人民共和国水法》（2002 年）等进行了修订，进一步在法律上确定了自然资源资产有偿使用、自然资源节约集约利用制度，推动了自然资源资产管理体制市场化改革的进程。

同时，我国在 20 世纪 90 年代财税制度改革中加强了对矿产资源等的征税力度，1993 年国务院发布的《中华人民共和国资源税暂行条例》及《中华人民共和国资源税暂行条例实施细则》进一步扩大了资源税征收范围，提高了资源的利用效率。

二、实施自然资源管理机构改革

经过 1998 年、2003 年、2008 年的三次机构改革，国务院自然资源主管部门基本确立，局部进行了调整和改组。在 1998 年的机构改革中，根据第九届全国人民代表大会第一次会议通过的《关于国务院机构改革方案的决定》撤销中华人民共和国林业部，改组为中华人民共和国国家林业局，列入国务院直属机构序列；原来的中华人民共和国地质矿产部、中华人民共和国国家土地管理局、中华人民共和国国家海洋局和中华人民共和国国家测绘局共同组建了中华人民共和国国土资源部；中华人民共和国国家环境保护局升格为中华人民共和国国家环境保护总局；中华人民共和国国家计划委员会更名为中华人民共和国国家发展计划委员会。2003 年将中华人民共和国国务院经济体制改革办公室和中华人民共和国国家经济贸易委员会部分职能并入中华人民共和国国家发展计划委员会，改组为中华人民共和国国家发展和改革委员会（以下简称国家发展改革委）。2003 年设立了国务院国有资产监督管理委员会。

党的十七大以后，我国基于单项自然资源的分类管理体制已经比较完善，但资源环境形势依然严峻。在对我国发展道路进行重新审视后，党的十七大报告首次提出建设生态文明，党的十八大要求全面促进资源节约，对自然资源资产管理体制改革提出了更高的要求。1979～2008 年自然资源管理主要部门机构改革历程如表 4-1 所示。

表4-1 1979~2008年自然资源管理主要部门机构改革历程

年份											
1979年	中华人民共和国国家计划委员会	中华人民共和国水利部	中华人民共和国电力工业部	中华人民共和国林业部	中华人民共和国农业部	中华人民共和国国家水产总局	中华人民共和国农垦部	中华人民共和国地质部	中华人民共和国国家测绘总局	中华人民共和国国家海洋局	中华人民共和国国家基本建设委员会（中华人民共和国国家城市建设总局）	中华人民共和国国务院环境保护领导小组办公室
1982年	中华人民共和国国家计划委员会	中华人民共和国水利电力部		中华人民共和国林业部	中华人民共和国农牧渔业部			中华人民共和国地质矿业部	中华人民共和国国家测绘局	中华人民共和国国家海洋局	中华人民共和国城乡建设环境保护部（环境保护局）	
1988年	中华人民共和国国家计划委员会（中华人民共和国能源部）	中华人民共和国水利部		中华人民共和国林业部	中华人民共和国农业部			中华人民共和国地质矿业部	中华人民共和国国家测绘局	中华人民共和国国家海洋局 中华人民共和国国家土地管理局	中华人民共和国建设部	中华人民共和国国家环境保护局
1998年	中华人民共和国国家发展计划委员会（中华人民共和国能源部）	中华人民共和国水利部		中华人民共和国国家林业局	中华人民共和国农业部			中华人民共和国国土资源部（中华人民共和国国家海洋局）			中华人民共和国建设部	中华人民共和国国家环境保护总局
2003年	中华人民共和国国家发展和改革委员会、中华人民共和国水利部（中华人民共和国能源部）	中华人民共和国水利部		中华人民共和国国家林业局	中华人民共和国农业部			中华人民共和国国土资源部（中华人民共和国国家海洋局）			中华人民共和国建设部	中华人民共和国国家环境保护总局
2008年	中华人民共和国国家发展和改革委员会、中华人民共和国水利部（中华人民共和国能源部）	中华人民共和国水利部		中华人民共和国国家林业局	中华人民共和国农业部			中华人民共和国国土资源部（中华人民共和国国家海洋局）			中华人民共和国住房和城乡建设部	中华人民共和国环境保护部

资料来源：笔者根据相关资料整理得出。

经过一系列的改革后，机构设置实现了管理机构由大分散小集中向相对集中管理的转变。

这一阶段我国实行的是集中分类管理型的自然资源管理体制。进行自然资源管理的机构主要有地方人民政府、自然资源监管部门、自然保护区管理机构等自然资源保护部门；森林防火、重要资源勘探、科研考察等特殊职能部门。根据自然资源之间的关联程度，按照自然资源的种类，分别由原中华人民共和国国土资源部、中华人民共和国水利部、原中华人民共和国农业部、原中华人民共和国国家林业局、国家发展改革委、中华人民共和国住房和城乡建设部和原中华人民共和国环境保护部7个部委对自然资源进行管理。土地、矿产、海洋等地上、地下、海洋等国土空间资源由原中华人民共和国国土资源部管理。水资源实行行政区划和流域管理相结合，主要由中华人民共和国水利部管理。原中华人民共和国国家林业局负责森林生态环境的建设、森林资源的保护和国土绿化等。原中华人民共和国农业部主要负责草原资源的管理。

在自然资源分类进行管理的基础上，我国有针对性地设置自然资源监督机构，初步实现了自然资源监管与专业管理部门的分离。例如，草原、森林等自然资源的地方政府监督职能统一由草原监理站、森林公安机关等监管机构代为实施，对损害自然资源价值、违法使用自然资源等行为进行惩处。

三、自然资源资产产权市场初步建立

进入20世纪90年代，社会主义市场经济体制改革开启大幕，自然资源资产产权制度也相继建立。1994年，我国对《中华人民共和国城市房地产管理法》进行修改，规范了土地使用权出让、转让、出租、抵押等经济活动，明确了土地使用权出让与划拨的法律界限，同时允许土地承包经营权在不改变农业用途的前提下，采取转包、出租、互换、转让或者其他方式流转，确立了以国有土地使用权为主体的土地交易市场，也促进了房地产市场的繁荣，推动了国民经济的快速发展和住房条件的改善。

1996年，我国对《中华人民共和国矿产资源法》做出了修改，其后又颁布了《矿产资源开采登记管理办法》《探矿权采矿权转让管理办法》《矿业权出让转让管理暂行规定》等一系列法律法规，明确了探矿权和采矿权有偿使用制度，走上了市场化交易的道路。矿业权出让形成了全面推进竞争性出让（招标、拍卖、挂牌出让），严格限制协议出让的矿业权出让方式制度体系，矿产资源有偿出让范围不断扩大，招标、拍卖、

挂牌、协议等出让方式日趋多元化并不断优化，矿产资源一级市场和二级市场相继建立，促进了矿产资源的有效开发利用和管理。

2000 年，浙江省义乌市和东阳市开创了全国第一宗水权交易，其后甘肃、宁夏、内蒙古分别进行了农户水票交易和黄河水权转换试点，开始了水权市场的探索。2005 年，中华人民共和国水利部出台了《关于水权转让的若干意见》《关于印发水权制度建设框架的通知》，对水权交易的制度框架和具体内容进行了设计，对转让的基本原则、限制范围、转让费用、年限等进行了安排，确立了单一的水资源国家所有权制度，建立起全国统一的水权交易制度、交易系统和风险控制系统，推动跨流域、跨区域、跨行业以及不同用水户间的水权交易。

2007 年开始，我国全面启动了新一轮林权制度改革，重点是进行了集体林权制度设计，通过集体林权改革推动农村改革，解放和发展了生产力，其核心是把林地的使用权和林木的所有权作为物权，包括经营权、收益权、处置权完全交给农民，建立了责权利相统一的集体林业经营管理体制，进一步做实收益途径，尤其是林权抵押贷款政策的出台有效地破解了林业发展融资问题，盘活了森林资产。但这一阶段的林权改革还未涉及国有林权。

以 2007 年《中华人民共和国物权法》的颁布为标志，以自然资源所有权为主体、以自然资源用益物权和担保物权为两翼的自然资源产权体系基本形成，自然资源资产产权市场初步建立，象征着自然资源资产所有权、使用权相分离和使用权有偿使用制度得到了发展和完善。

2009 年，第十一届全国人民代表大会常务委员会第十二次会议通过了《中华人民共和国海岛保护法》，首次提出无居民海岛有偿使用，明确海域使用权可通过行政审批和市场化出让方式取得，国家与无居民海岛使用者依法建立租赁关系，使用者在租赁期限内按年缴纳或一次性缴纳使用金，标志着无居民海岛使用权作为一种特殊的商品进入市场流通，体现了无居民海岛的国有资源性资产性质。

第四节　自然资源资产管理体制全面深化（2013 年至今）

在过去四十多年的自然资源管理体制改革中，把单项资源的集中管理作为改革方向，发挥了各自然资源主管部门的专业性，支持了我国经济的快速发展。但这种管理体制容易破坏生态本身的系统性。党的十八届三中全会后，我国自然资源资产管理体制进入了全面深化阶段，统一集中的资源资产管理改革已成趋势。

一、自然资源资产管理的大部制改革

党的十七大报告提出的大部制改革思路是我国行政管理体制改革在新的历史条件下适应市场经济发展的重大举措，为不断完善自然资源资产管理体制指明了方向。党的十七大在部署未来的行政管理体制改革中特别指出，"加大机构整合力度，探索实行职能有机统一的大部门体制"。所谓大部门体制，或叫"大部制"，就是在政府的部门设置中，将职能相近、业务范围趋同的事项相对集中，由一个部门统一管理，最大限度地避免政府职能交叉、政出多门、多头管理，从而提高行政效率，降低行政成本。

2013 年，党的十八届三中全会把自然资源管理权划分为自然资源监管权和自然资源资产管理权，提出要健全国家自然资源资产管理体制，统一行使全民所有自然资源资产所有者职责。要完善自然资源监管体制，统一行使所有国土空间用途管制职责。要使国有自然资源资产所有权人和国家自然资源管理者相互独立、相互配合、相互监督。

党的十八届三中全会提出要统一行使所有国土空间用途管制职责和全民所有自然资源资产所有者职责，与大部制改革的思路不谋而合，标志着需要建立统一行使所有国土空间用途管制职责和全民所有自然资源资产所有者职责的自然资源管理机构，实现自然资源用途管制职责和自然资源资产管理职责的适当分离。

2018 年，第十三届全国人民代表大会第一次会议通过了《国务院机构改革方案》，这是改革开放以后第八次机构改革，这次改革的最大特征就是优化了政府机构设置和职能配置，实现了一类事项原则上由一个部门统筹、一件事情原则上由一个部门负责的基本逻辑。其中，中华人民共和国自然资源部（以下简称自然资源部）的组建具有划时代的意义，标志着统一行使全民所有自然资源资产所有权人职责的体制基本确立。它解决了自然资源管理分散在多个部委、自然资源开发利用与保护的监管存在缺位的问题，强化了自然资源的资产属性，保障了国家自然资源的合理开发利用。

二、自然资源管理政策体系不断完善

党的十八届三中全会以来，我国自然资源资产管理进入了现代化治理的新阶段，

中央和地方不断探索，针对自然资源管理中的问题出台了一系列政策文件，政策制度不断完善，形成了具有中国特色的自然资源资产管理政策体系。

2013 年 11 月，党的十八届三中全会通过了《中共中央关于全面深化改革若干重大问题的决定》，在文件的第十四部分第 51 条中，明确提出了健全自然资源资产产权制度和用途管制制度，具体来说部署了三条制度：一是对水流、森林、山岭、草原、荒地、滩涂等自然生态空间进行统一确权登记，形成归属清晰、权责明确、监管有效的自然资源资产产权制度；二是健全国家自然资源资产管理体制，统一行使全民所有自然资源资产所有者职责；三是完善自然资源监管体制，统一行使所有国土空间用途管制职责。产权制度、资产管理体制和监管体制构成了新时代我国自然资源资产管理的制度基础。其中，产权制度是基础，自然资源的资产管理和监管必须建立在摸清家底、明确产权之上；资产管理体制是发展机制，强调的是自然资源的经济效益和社会效益的发挥；监管体制是约束机制，目的是实现自然资源资产的生态效益。

2014 年 10 月，党的十八届四中全会通过了《中共中央关于全面推进依法治国若干重大问题的决定》，提出建立健全自然资源产权法律制度，把自然资源资产管理提高到依法治国的层面，通过法律明确自然资源产权制度，将其作为依法治国的重要内容。重新梳理自然资源产权法律体系的内部结构，既是建立和完善整个自然资源产权法律体系的关键，也是解决现有自然资源资产管理问题的有效法律途径。

2015 年，中共中央、国务院印发了《关于加快推进生态文明建设的意见》和《生态文明体制改革总体方案》两个重要文件，均对构建归属清晰、权责明确、监管有效的自然资源资产产权制度进行了部署。2019 年，中共中央办公厅、国务院办公厅印发了《关于统筹推进自然资源资产产权制度改革的指导意见》，对自然资源资产产权制度改革进行了顶层设计，增强了自然资源资产产权制度相关改革的系统性、整体性和协调性，既集成衔接了已有的各项产权相关改革内容，又查漏补缺并力求创新，彻底解决了自然资源资产管理中的突出问题，使自然资源产权制度在生态文明建设中发挥了更加重要的作用。

三、自然资源资产管理工具持续创新

党的十八届三中全会以来，围绕自然资源资产管理的政策在不断创新，形成了具

有中国特色的自然资源资产管理工具体系。以下四个方面比较具有代表意义：

（1）自然资源统一确权登记。2016年，中华人民共和国国土资源部等部门联合印发《自然资源统一确权登记办法（试行）》，提出"自然资源确权登记坚持资源公有、物权法定和统一确权登记的原则"，"对水流、森林、山岭、草原、荒地、滩涂以及探明储量的矿产资源等自然资源的所有权统一进行确权登记，形成归属清晰、权责明确、监管有效的自然资源资产产权制度"①，采取试点的方式，以不动产登记为基础，对国家所有的自然资源进行确权登记，建立了自然资源登记簿制度，建立统一的确权登记系统，自下而上进行国有自然资源确权登记。2019年，针对试点中出现的自然资源类型和划分存在重复重叠，林地、耕地存在重复统计，登记范围和登记单元确定存在差异，登记管辖和权利主体存在不确定性等问题，自然资源部等五部门又印发了《自然资源统一确权登记暂行办法》，在范围上将海域和无居民海岛纳入登记确权范围，对登记确权的边界、对象属性、操作程序等做出了更加清晰的界定，标志着我国自然资源确权登记驶入法治化轨道。

（2）国土空间用途管制。党的十八届三中全会提出"统一行使所有国土空间用途管制职责"，并把其作为自然资源监管的主要内容，把土地用途管制扩大到林地、草地、河流、湖泊、湿地等所有生态空间，实现整体保护、系统修复和综合治理。2017年，中华人民共和国国土资源部印发了《自然生态空间用途管制办法（试行）》，在福建、江西、贵州、河南、海南、青海6省试点国土空间管制，探索构建国土空间用途管制基本框架体系、法律政策体系、技术方法体系和运行体系，以及重点区域管控和监测分析评估，是落实"山水林田湖草沙生命共同体"理念的必然要求。

（3）自然资源资产负债表。摸清自然资源资产的"家底"，是全面反映经济社会活动的资源消耗、环境代价和生态效益的基本手段，也是政府进行科学决策、生态环境评价考核、生态补偿的重要支撑，还是开展领导干部自然资源资产离任审计的重要依据。2015年和2017年，我国先后印发《编制自然资源资产负债表试点方案》和《领导干部自然资源资产离任审计暂行规定》，从技术上和政策上建立了自然资源资产管理约束与激励相容的机制。尽管这项政策工具尚在探索阶段，但对于未来完善考核和绩效评价制度具有重要的意义。

---

① 新华社．习近平主持召开中央全面深化改革领导小组第二十九次会议［EB/OL］．http：//www.gov.cn/xinwen/2016-11/01/content_ 5127202. htm，2016-11-01.

（4）自然资源资产产权分设。自然资源资产的所有权与使用权可以也应当分离，这是市场经济条件下充分发挥市场决定性作用的必然要求。产权的分设主要有三种表现：一是土地方面，实行承包土地所有权、承包权、经营权"三权分置"；二是矿产方面，探索实施油气探采合一权利制度；三是海洋方面，探索海域使用权立体分层设权。这对于构建归属清晰、权责明确、监管有效的自然资源资产产权制度具有重大推动作用。

总体来看，党的十八届三中全会是我国自然资源资产管理体制改革中具有划时代意义的分水岭，制度体系越来越健全，政策工具越来越完善。至此，我国自然资源资产管理走上了法治化、现代化、系统化、科学化的道路。我国自然资源资产管理体制改革历程如表4-2所示。

表4-2　我国自然资源资产管理体制改革历程

阶段	时间	部门/会议	涉及文件	内容及实质
初步建立	1949年至20世纪70年代末	—	《中华人民共和国宪法》（1954年）相关内容	矿藏、水流，由法律规定为国有的森林、荒地和其他资源，都属于全民所有
体制重构	1980年7月	国务院	《关于中外合营企业建设用地的暂行规定》相关内容	对中外合营企业用地计收场地使用费
	1984年9月	第六届全国人民代表大会常务委员会第七次会议	《中华人民共和国森林法》相关内容	森林、林木、林地使用权有条件依法转让
	1986年3月	第六届全国人民代表大会常务委员会第十五次会议	《中华人民共和国矿产资源法》相关内容	第五条规定："国家实行探矿权、采矿权有权取得的制度。""开采矿产资源，必须按照国家有关规定缴纳资源税和资源补偿费。"
	1986年4月	第六届全国人民代表大会第四次会议	《中华人民共和国民法通则》相关内容	国家所有的土地，可以依法由全民所有制单位使用，也可以依法确定由集体所有制单位使用，国家保护它的使用、收益的权利；国家所有的矿藏，可以依法由全民所有制单位和集体所有制单位开采，也可以依法由公民采挖。国家保护合法的采矿权

续表

阶段	时间	部门/会议	涉及文件	内容及实质
体制重构	1988 年 1 月	第六届全国人民代表大会常务委员会第二十四次会议	《中华人民共和国水法》相关内容	通过征收水费和水资源费等经济手段加强对水资源的利用和管理
	1988 年 4 月	第七届全国人民代表大会第一次会议	《中华人民共和国宪法修正案》相关内容	将《中华人民共和国宪法》第 10 条第 4 款改为"土地的使用权可以依照法律的规定转让",法律允许土地使用权转让
	1988 年 12 月	第七届全国人民代表大会常务委员会第五次会议	《中华人民共和国土地管理法》相关内容	"国有土地和集体所有土地的使用权可以依法转让""国家依法实行国有土地有偿使用制度"
	1990 年 5 月	国务院	《中华人民共和国城镇国有土地使用权出让和转让暂行条例》（第 55 号令）相关内容	国家按照所有权与使用权分离的原则,实行城镇国有土地使用权出让、转让制度
持续推进	1994 年 2 月	国务院	《矿产资源补偿费征收管理规定》相关内容	开始征收矿产资源补偿费
	1995 年 3 月	国有资源性资产管理全国工作会议	—	第一次明确使用"资源资产",资源资产从理论走向实务
	1996 年 3 月	第八届全国人民代表大会第四次会议	《关于国民经济和社会发展"九五"计划和 2010 年远景目标纲要的报告》相关内容	完善自然资源有偿使用制度
	1996 年 8 月	第八届全国人民代表大会常务委员会第二十一次会议	《全国人民代表大会常务委员会关于修改〈中华人民共和国矿产资源法〉的决定》相关内容	确立了探矿权、采矿权有偿取得制度且允许其有条件地流转,矿产资源资产化运作正式实施
	1998 年 2 月	国务院	《矿产资源勘查区块登记管理办法》《矿产资源开采登记管理办法》《探矿权采矿权转让管理办法》	明确矿业权有偿取得和转让的管理办法
	1998 年 4 月	第九届全国人民代表大会常务委员会第二次会议	《关于修改〈中华人民共和国森林法〉的决定》	—
	1998 年 8 月	第九届全国人民代表大会常务委员会第四次会议	《中华人民共和国土地管理法》（1998 年修订）	国家依法实行国有土地有偿使用制度

续表

阶段	时间	部门/会议	涉及文件	内容及实质
持续推进	2002 年 8 月	第九届全国人民代表大会常务委员会第二十九次会议	《中华人民共和国水法》相关内容	国家对水资源依法实行取水许可制度和有偿使用制度；用水实行计量收费和超定额累进加价制度
	2002 年 11 月	中国共产党第十六次全国代表大会	党的十六大报告相关内容	深化国有资产管理体制改革
	2003 年 10 月	中国共产党第十六届中央委员会第三次全体会议	—	建立健全国有资产管理和监督机制
	2007 年 10 月	中国共产党第十七次全国代表大会	党的十七大报告相关内容	建立健全资源有偿使用制度和生态环境补偿机制
	2012 年 11 月	中国共产党第十八次全国代表大会	党的十八大报告相关内容	完善各类国有资产管理体制
全面深化	2013 年 11 月	中国共产党第十八届中央委员会第三次全体会议	—	健全国有自然资源资产管理体制
	2014 年 10 月	中国共产党第十八届中央委员会第四次全体会议	—	建立健全自然资源产权法律制度
	2015 年 5 月	中共中央、国务院	《关于加快推进生态文明建设的意见》相关内容	健全自然资源资产产权制度和用途管制制度
	2015 年 9 月	中共中央、国务院	《生态文明体制改革总体方案》相关内容	健全自然资源资产产权制度
	2015 年 10 月	中国共产党第十八届中央委员会第五次全体会议	《中华人民共和国国民经济和社会发展第十三个五年规划纲要》相关内容	加快构建自然资源资产产权制度
	2015 年 11 月	国务院办公厅	《编制自然资源资产负债表试点方案》相关内容	建立健全科学规范的自然资源统计调查制度，摸清自然资源资产的家底及其变动情况
	2016 年 12 月	中华人民共和国国土资源部等七部委	《自然资源统一确权登记办法（试行）》相关内容	界定全部国土空间各类自然资源资产的所有权主体，划清全民所有和集体所有之间的边界，划清全民所有、不同层级政府行使所有权的边界

续表

阶段	时间	部门/会议	涉及文件	内容及实质
全面深化	2017 年 3 月	中华人民共和国国土资源部	《自然生态空间用途管制办法（试行）》相关内容	对生态空间依法实行区域准入和用途转用许可制度，严格控制各类开发利用活动对生态空间的占用和扰动，确保依法保护的生态空间面积不减少
	2017 年 6 月	中共中央办公厅、国务院办公厅	《领导干部自然资源资产离任审计暂行规定》相关内容	完成自然资源资产管理和生态环境保护目标情况，履行自然资源资产管理和生态环境保护监督责任情况等纳入离任审计范畴
	2018 年 3 月	第十三届全国人民代表大会第一次会议	《国务院机构改革方案》相关内容	组建自然资源部
	2019 年 4 月	中共中央办公厅、国务院办公厅	《统筹推进自然资源资产产权制度改革的指导意见》相关内容	以完善自然资源资产产权体系为重点，加快构建系统完备、科学规范、运行高效的中国特色自然资源资产产权制度体系
	2019 年 7 月	自然资源部等五部门	《自然资源统一确权登记暂行办法》相关内容	国家实行自然资源统一确权登记制度
	2019 年 8 月	第十三届全国人民代表大会常务委员会第十二次会议	《中华人民共和国资源税法》相关内容	建立自然资源税收制度
	2020 年 6 月	国务院办公厅	《自然资源领域中央与地方财政事权和支出责任划分改革方案》相关内容	优化政府间事权和财权划分，建立权责清晰、财力协调、区域均衡的中央和地方财政关系

资料来源：笔者根据相关资料整理得出。

第五章 我国自然资源资产管理的产权效率评价与存在的主要问题

经济学中的效率是指产出与投入或者收益与成本之间的比例关系。自然资源资产的产权效率是指某种自然资源资产产权制度实施的收益与该产权制度的制定、运行成本之间的对比。产权制度的不同安排必然有高效、低效和无效的区别。因此，对于不同制度安排下，自然资源的产权效率评价可以作为制度评价的重要参数。

第一节 自然资源资产产权效率的影响因素

制度有其自身的生命周期，而自然资源也有其生命周期，二者相互叠加，形成自然资源产权制度的双生命周期现象，造成制度效率在经历一段时间增长后达到峰值并转为效率衰减态势。在这一过程中，自然资源固有属性、制度张力以及产权设置等因素相互影响、不断变化。

一、产权清晰及其可流转性

清晰的产权是提高自然资源产权效率的首要条件，产权不清晰是造成自然资源使用效率低下的主要原因。虽然自然资源的开发价值在逐步增加，部分资源（如水资源、矿产资源等）的开发数量也可能逐步增加，但相对于经济社会发展和人的发展需要而言，自然资源日益稀缺是不争的事实。而且，随着社会整体的进步，人类对自然资源的需求已经从单纯的经济需求转变为包括经济、生态、社会的全方位发展需求，更加凸显了自然资源的稀缺性和价值。

稀缺性的逐渐加剧直接导致对产权清晰化具有更加严格的要求。自然资源资产在一定程度上具有公共物品的部分性质，仅依靠一种产权形式已经不能完全满足经济社会发展的需要，需要丰富其产权实现形式。一般而言，判断自然资源产权清晰与否有两个标准：一是产权主体是否明确，二是产权边界是否清晰。自然资源的开发利用过程中，不同产权主体间的利益关系问题是经常发生的①，如森林资源经营中的林地使用权问题。不同自然资源产权主体间是否具有明确的产权边界和权属关系，会对自然资源的产权效率产生较大影响。具体表现在三个方面：第一，产权边界清晰可以显著减少交易成本，进而减少产权的争议，并减少不必要的价值损失。第二，产权清晰可以形成内部激励机制，追求自身成本最小化条件下的利益最大化才能成为产权主体的理性行为。如果产权不清晰，产权主体的付出行为与其收获的最终收益出现错配，产出结果与自身利益无法协同，产权主体极易产生投机主义行为，导致效率低下。第三，产权清晰极大地降低了运维成本。在产权清晰的条件下，产权主体的权利范围界定清楚，越界行使权利的侵权行为锐减，产权保护和运行成本降低。并且，不同的产权主体出于自身利益最大化的现实考虑，也会产生规范自身权利行使行为的动力，延长权利可实施的生命周期。

国家和集体作为自然资源资产的产权主体，产权是否清晰关键是看国家所有权和集体所有权内部的权利配置和权利结构体系是否清晰。当然，除了产权清晰之外，产权流转与否以及流转的难易程度也会影响自然资源的产权效率。通过市场交易的方式，自然资源能够向利用效率最高的主体流动，实现资源优化配置。相同的自然资源在不同的制度约束下形成不同的产权主体，产生不同的利用效率，也会产生不同的产权收益②。自然资源资产产权的科学流转影响自然资源从较低收益的用途转向较高收益的用途的可能性③，从而影响自然资源资产能否增值。

① 陈兴华. 中国海洋资源产权制度研究［A］//林业、森林与野生动植物资源保护法制建设研究——2004年中国环境资源法学研讨会（年会）论文集［C］. 武汉：中国法学会环境资源法学研究会，2004：916-920.
② 廖卫东. 生态领域产权市场制度研究［M］. 北京：经济管理出版社，2004.
③ 罗必良. 论自然资源的适度利用［J］. 生态经济，1990（1）：49-52.

二、制度运行成本

存在不同的利益主体是制度利益结构及由利益结构所产生的各种效应的前提。不同利益主体是制度效能得以实现的前提，也是促使制度形成的基础，更是促进制度变迁的根源。对于同一自然资源，中央政府更加关注的是自然资源的生态属性和社会属性，注重自然资源开发利用过程中的宏观调控作用。而自然资源的使用者更加关注的是自然资源使用的经济效益，二者在目标利益上存在差异。当自然资源利用主体认为某项制度安排对自己有利，这种制度落实的阻力就会越小，也就越容易实施，效率越高，反之则相反。

当一种经济活动的总成本大于该活动带来的总收益时，就会诱发制度变革活动，在均衡条件达成时（边际成本等于边际收益），实现产权主体的行为效用最大化。如果不考虑经济活动的外部性，社会边际成本为各经济主体的个别边际成本叠加，此时的社会边际收益就为个别边际收益之和。因此，通过市场机制的动态调整，当个别边际收益与个别边际成本相等时，就会出现社会边际收益与社会边际成本相等的情况。换句话说，当通过市场调节实现经济主体的供求均衡时，社会福利达到最大。但是，如果考虑外部性的存在，那么社会边际成本中除了包括个别边际成本叠加之外，还包括其他主体承担的边际成本，即外部边际成本。此时，社会边际成本等于外部边际成本与个别边际成本叠加之和。同理，社会边际收益等于外部边际收益与个别边际收益叠加之和。个别边际收益等于个别边际成本并不意味着社会边际收益等于社会边际成本，此时的社会福利最大化与个别主体效用最大化发生偏离，其结果是资源低效率配置。

在自然资源资产产权的行使中明显存在这种偏离，给相关产权制度的运行效率带来严重影响。如果缺乏制度约束，自然资源资产的不当开发利用必然造成自然资源破坏和生态环境污染，自然资源的产权行为主体会把这种外部成本转移给社会，虽然可以达到个别边际成本与个别边际收益相等的个别均衡，但此时的经济活动只是实现了个别主体效用最大化，并没有使社会总福利达到最优化，甚至有可能导致社会总福利损失。由于外部成本的存在，造成生产、开发、利用此种自然资源所带来的个别单位利润增加，从而使更多的自然资源被分配到这种"效益更高"的经济行为上来，而这部分自然资源的使用与运行将是低效或无效的。

因此，通过合理的产权制度安排可以降低自然资源使用中的外部性，降低社会成本，自然资源资产管理体制的变革需要以外部成本内生化为原则，从而促进产权效率的提高。

三、制度实施机制

自然资源资产产权制度被包络在错综复杂的社会制度结构中，与其他制度安排紧密相连。在一定的自然资源管理体制下，自然资源的产权效率受到其他制度之间协调程度的影响，这就对自然资源管理体制的运行实施方式提出了要求。

对自然资源资产管理制度设计而言，风险的不确定性和行为的有限理性是产权利益主体首要考虑的因素，自然资源资产产权制度利益主体利用决策的有限理性容易被用来服务于自己所偏好的产权制度。强制性的实施机制是自然资源资产产权制度能够实施的基本前提。产权行为主体的违约成本在高效运行的实施机制下相对较高，违约行为的总成本将大于其收益，违约行为的总体效用为负，行为主体将自觉避免发生违约行为，尽量减少因违约行为所增加的产权运行成本和管理成本，进而促进产权运行效率的提升。反过来，当主体的违约行为所需承担的成本小于违约行为带来的收益时，违约行为的预期效用为正，行为主体选择违约并不会带来总体收益水平降低，此时的产权运行成本是逐渐增加的，产权效率则是不断降低的。

我国自然资源资产产权制度及其运行机制的实施主体是国家，制度实施者自身的效用函数会影响国家能否有效行使其职能，制度和政策的实施机制强化有利于社会秩序的稳定和社会收益的增加。而实施机制的顺畅与否首先是由自然资源资产产权制度与政治制度及其他经济制度之间的耦合程度决定的。如果自然资源资产产权制度与其他相关配套制度的利益关系不协调，在制度结构内部就会造成不协调的利益冲突，必然降低产权效率。

四、社会进步程度

社会进步程度对自然资源产权效率的影响主要表现在经济发展和技术进步两方面。经济发展可以积累大量的物质生产能力，不断更新自然资源的开发工具，从而降低自然资源开发难度，也会导致对自然资源开发投入的大量增加，这些因素都可以提高自然资源的开发效率和使用效率，对任何制度的需求都不能离开强大的物质资料生产能力支撑。同时，经济发展可以推动社会不断进步，人类对自然资源资产的认知程度、价值判断和利用方式的理解也会不断扩展，对资源节约、环境保护更加重视，从而促进产权效率的提高。

技术进步则带来自然资源开发中的勘探和开采各环节技术水平的提高与使用工艺的提升。技术的进步可以使交易费用降低，也可以使原本不起作用的部分制度安排发挥作用①。技术进步对产权效率具有正向反馈作用，当产权制度不适应技术进步时，产权效率自然降低。当产权制度通过科学的调整，逐渐与技术进步相吻合、相协同时，才能实现较高的产权效率。技术进步至少在以下三个方面影响自然资源资产产权效率提高：

第一，技术进步可以普遍提高自然资源资产利用收益。生产技术能力提高直接导致劳动生产效率提升，从而提高自然资源利用的经济效益。环境保护技术的进步则造成自然资源利用过程中对生态环境的破坏明显减少。技术进步与创新可以实现自然资源资产的产出水平达到规模报酬递增。

第二，技术进步促使自然资源资产产权制度运行中各种成本大大降低、成本结构持续优化。科学技术进步也会减少获取相关产权信息的代价，各种新技术、新工具的广泛应用缩短了自然资源开发的时空滞后性，自然资源开发利用的信息成本和使用成本大为降低。在自然资源保护与利用的监督方面，大量的技术创新也使沉没成本大为减少。

第三，技术进步推动自然资源资产产权组织形式创新。技术创新推动自然资源资产的大规模开发和综合生产，随着生产规模的增大，单位生产成本显著降低，但同时交易费用也会持续发生。如果完全通过市场交换，较高的交易费用可能会被技术进步带来的收益所抵消，那么就出现了市场力量倒逼形成新的组织形式的情况。

① 国家海洋局海洋发展战略研究所课题组. 中国海洋发展报告 (2010) [M]. 北京：海洋出版社，2010.

第二节　自然资源资产产权效率的评价模型

自然资源资产产权效率是指自然资源产权制度运行总效益与产权制度总成本之间的比例关系。产权制度运行的效益是指自然资源资产产权在运行中产生的各种收益与成本的比例关系，计算方式为运行的生产总值/运行的生产成本，其中，自然资源资产的产权收益主要包含直接收益（经济效益）与间接收益（生态效益和社会效益），自然资源的产权运行成本主要包括自然资源的存量投入、环境污染治理成本等，一般从实物量和价值量两方面进行评价。对价值量的评价较为复杂，涉及不同类型自然资源在不同时点、不同区域的购买力平价换算，本书主要侧重从实物量进行产权效率评价。

一、自然资源资产产权效率评价指标体系

自然资源资产是经济社会系统中关系较为复杂的生产要素，其产权效率评价指标选取方式也是多种多样的。对产权效率的评价主要采取效益最大化而成本最小化的方法进行。自然资源资产的效益包括经济效益、生态效益和社会效益，它们体现的都是自然资源资产的产出。

假定自然资源资产不发生国内外交换，在一定的区域范围内，自然资源资产是整个国民经济和社会发展系统的最基础的物质资料，在一定的产权制度安排下，自然资源、社会经济制度、技术等多方面因素相互组合，实现自然资源不同形式的配置，并最终为社会经济发展服务，且逐渐被消耗，若不考虑自然资源的折旧和回收，其产出反映在社会福利的增大、经济发展成果的增值、生态环境的保护等方面，形成了自然资源资产的投入产出体系。在一定的时期内，自然资源资产的投入量与产出量会因为产权制度安排的变化而发生变化，通过对产出和投入的对比分析，可以反映出在某种产权制度安排下自然资源资产的效率问题，该效率高低在某种意义上来说也是产权效率的体现。自然资源资产产权效率的评价思路如图5-1所示。

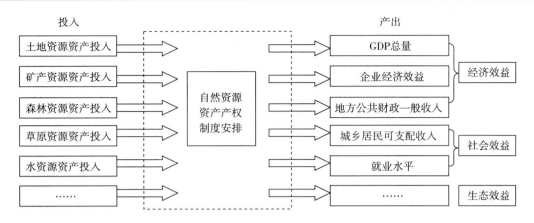

图5-1 自然资源资产产权效率的评价思路

资料来源：笔者自行绘制。

按照可对比、可衡量和数据法定的基本原则，本书认为，经济效益主要体现在一定的时期内某区域投入资源进行生产后的经济价值获取，一般表现为以下指标：①GDP总量，用于反映自然资源消耗所带来的地区经济总量的规模变化。②地方公共财政一般收入，用于评价自然资源消耗后引起的地方财力的变化。③企业经济效益，用于评价自然资源资产的利用对企业经济效益产出的影响，由于企业门类众多，按照可获取性和代表性原则，评价中采取规模以上工业企业总成本费用利润率来说明企业经济效益的高低。

生态效益主要体现在一定时期内，某区域投入自然资源进行生产、生活使用后给生态环境带来的好处，一般用以下指标来衡量：①能源生产总量，主要反映矿产资源的产出能力。②供水总量，反映水资源的产出能力。③国家公园面积，国家公园是自然资源资产较为富集的区域，也是生态文明制度体系的重要组成部分，由于目前国家公园体系尚未完全构建，本书用自然保护区面积替代，反映生态保育能力。④森林蓄积量，反映森林资源资产产出水平。⑤主要农作物播种面积，用于评价农村耕地产出水平。⑥房地产开发完成投资额，城市土地主要反映在房地产开发投资方面，用此指标衡量城市建设用地的产出水平。

社会效益主要表现在自然资源资产投入后对社会群体和社会福利的增加上，体现在城乡居民可支配收入和就业水平两方面，分别设置居民可支配收入和三次产业就业人员数指标。

而自然资源资产投入量评价指标方面，由于我国自然资源资产底数尚不清晰，本书采取自然资源投入量进行评价，按照各专业统计年鉴的指标进行筛选，分别用水资源总量、农用地面积、城市建设用地面积、林业完成投资情况、草原面积分别反映水资源、农村土地、城乡建设用地、森林资源、草原资源的投入情况，矿产资源投入各地差异较大，采取煤炭基础储量、石油基础储量、天然气基础储量进行评价测算。海洋资源和湿地资源因统计数据缺失暂不纳入评价体系。自然资源资产产权效率评价指标体系如表 5-1 所示。

表 5-1　自然资源资产产权效率评价指标体系

一级指标	序号	二级指标	单位
产出指标	1	GDP 总量	亿元
	2	地方公共财政一般收入	亿元
	3	规模以上工业企业总成本费用利润率	%
	4	能源生产总量	万吨标准煤
	5	供水总量	亿立方米
	6	自然保护区面积	万公顷
	7	森林蓄积量	万立方米
	8	房地产开发完成投资额	亿元
	9	主要农作物播种面积	千公顷
	10	居民可支配收入	元
	11	三次产业就业人员数	万人
投入指标	1	水资源总量	亿立方米
	2	农用地面积	万公顷
	3	城市建设用地面积	万公顷
	4	林业完成投资情况	亿元
	5	草原面积	万公顷
	6	煤炭基础储量	亿吨
	7	石油基础储量	万吨
	8	天然气基础储量	亿立方米

资料来源：笔者自行绘制。

二、自然资源资产产权效率评价方法论

对于效率的评价，经济学研究方法论中较常见的是数据包络分析法（Data Envelopment Analysis，DEA），它使用数学规划模型评价决策单元间的相对有效性[①]，是一种特别适用于多输入多输出复杂系统的非参数前沿分析方法。该方法通过保持决策单元的输入或者输出不变，借助数学规划确定相对有效的生产前沿面，再将各个决策单元投影到 DEA 的生产前沿面上，并通过比较决策单元偏离 DEA 前沿面的程度来评价相对有效性。在测定决策单元相对有效性时对每个单一决策单元进行优化，因此相对效率是最大值，权重的选取也最优化，避免了传统方法在权重选取上的主观性。自然资源的产权效率是多投入和多产出的变量，DEA 方法作为一种统计分析方法，在处理多投入和多产出的多目标决策问题上具有优势[②]，适合用于自然资源效率的研究。

本书的基本思路为：依据投入产出指标体系运用数据包络分析法进行自然资源资产配置效率测算，这种配置效率反映的是自然资源资产产出的综合效率，再将测算出的自然资源资产综合效率进行分解，运用 Malmquist 模型分解出规模效率和纯技术效率。其中，规模效率主要反映自然资源资产数量变化引起的效率变化，而纯技术效率则是管理、政策、技术等因素引致的效率变化，这种变化实际上反映的是产权制度的变化，用它来体现自然资源资产产权效率。

数据包络法有两种比较经典的模型：第一种是规模报酬不变（CRS）条件下的 CCR 模型，通过单位投入量的产出量来衡量效率的高低；第二种是规模报酬可变（VRS）条件下的 BCC 模型，通过对在 CCR 模型研究基础之上增加对权重的约束条件：$\sum_{1}^{n}\lambda_i = 1$。对自然资源配置效率的评价只能从整体上做出判断，如果需求探究深层次原因就需要对其进行纯技术效率和规模效率测度，在分析和提出解决对策时，从对投入要素的角度采取相应措施要比对产出要素的角度出发解决问题更加可行有效，因此，建立以投入为导向、考虑规模收益的 BCC 模型较为适合本书的评价分析。

假设研究对象中具有相似功能和作用的部分称为决策单元（DMU），且整体投入要

---

　　①　魏权龄. 评价相对有效性的数据包络分析模型——DEA 和网络 DEA［M］. 北京：中国人民大学出版社，2012.

　　②　李涛. 土地城乡流转的效率评价、区域差异与激活机制：江苏例证［J］. 改革，2018（10）：131-138.

素指标和产出指标对每个决策单元产生相同的影响。以单位投入量的产出水平作为配置效率的评价标准，每一个决策单元的效率评价公式为：

$$h_j = \frac{u^T y_j}{v^T x^j} = \frac{\sum_1^n u_r y_{rj}}{\sum_1^m v_i x_{ij}}, \quad j = 1, 2, \cdots, t \tag{5-1}$$

式（5-1）中，v_i 表示第 i 种输入变量在所有输入变量中所占的权重，u_r 表示第 r 中输出变量在所有输出变量中的权重。x_{ij} 表示第 j 个决策单元的第 i 种输入变量的投入量，且 $x_{ij} > 0$；y_{rj} 表示第 j 个决策单元能够创造的第 r 种的输出量，且 $y_{rj} > 0$。

首先，构建 CCR 模型。以所有决策单元的产权效率指数作为约束条件，以第 j_0 个 DMU 效率指数最大值为目标函数，建立线性规划：

$$\begin{cases} \max \dfrac{u^T y_0}{v^T x_0} \\[2ex] \text{s. t. } \dfrac{u^T y_j}{v^T x_j} \leq 1, \quad j = 1, 2, \cdots, t \\[2ex] u \geq 0, \ v \geq 0, \ u \neq 0, \ v \neq 0 \end{cases} \tag{5-2}$$

其次，将上述线性规划进行 Charnes-Cooper 变换，如下：

$$s = \frac{1}{v^T x_0} > 0, \quad \omega = sv, \quad \mu = su \tag{5-3}$$

再将变换式代入原始线性规划进行线性转换：

$$\begin{cases} \max h_{j0} = u^T y_0 \\[1ex] \text{s. t. } \omega^T x_j - \mu^T y_j \geq 0, \quad j = 1, 2, \cdots, t \\[1ex] \omega^T x_0 = 1 \\[1ex] \omega \geq 0, \ \mu \geq 0 \end{cases} \tag{5-4}$$

再对上述新线性规划进行对偶转换，得到目标规划：

$$\begin{cases} \min \theta \\[2ex] \text{s. t. } \sum_{j=1}^t \lambda_j x_j \leq \theta x_0 \\[2ex] \sum_{j=1}^t \lambda_j y_j \geq y_0 \\[2ex] \lambda_j \geq 0, \quad j = 1, 2, \cdots, t \end{cases} \tag{5-5}$$

在上述目标方程中引入松弛变量 S^- 和 S^+，则有：

$$
\begin{cases}
\min\theta \\
s.t. \ \sum_{j=1}^{t}\lambda_j x_j + S^- = \theta x_0 \\
\quad \sum_{j=1}^{t}\lambda_j y_j - S^+ = y_0 \\
\quad \lambda_j \geqslant 0, \ j=1,2,\cdots,t \\
\quad S^- \geqslant 0, \ S^+ \geqslant 0
\end{cases}
\tag{5-6}
$$

最后在 CCR 模型的基础上加入凸性假设，即约束条件：$\sum_1^n\lambda_i=1$，构建出 BBC 模型：

$$
\begin{cases}
\min\theta \\
s.t. \ \sum_{j=1}^{t}\lambda_j x_j \leqslant \theta x_0 \\
\quad \sum_{j=1}^{t}\lambda_j y_j \geqslant y_0 \\
\quad \sum_{j=1}^{t}\lambda_j = 1 \\
\quad \lambda_j \geqslant 0, \ j=1,2,\cdots,t
\end{cases}
\tag{5-7}
$$

当 $\theta=1$ 时，说明决策单元达到 DEA 有效，自然资源配置达到最优化；当 $\theta<1$ 时，该决策单元 DEA 无效，自然资源配置存在低效问题。

通过该模型求出的是自然资源的综合效率，还需运用 Malmquist 模型将其进行效率分解，测算自然资源资产的产权效率。具体方法为：通过引用距离函数之比构建全要素生产率指数（Malmquist），定义为

$$
M_0^{t+1}=\left[\frac{D^t(x_0^{t+1},y_0^{t+1})}{D^t(x_0^t,y_0^t)}\times\frac{D^{t+1}(x_0^{t+1},y_0^{t+1})}{D^{t+1}(x_0^t,y_0^t)}\right]^{1/2}
\tag{5-8}
$$

由于在 BCC 模型中，综合效率=纯技术效率×规模效率，因此，Malmquist 指数变形为：

$$
M(x^{t+1},y^{t+1},x^t,y^t)=\frac{D^t(x^{t+1},y^{t+1})}{D^t(x^t,y^t)}\times\left[\frac{D^t(x^t,y^t)}{D^t(x^t,y^t)}\times\frac{D^{t+1}(x^{t+1},y^{t+1})}{D^t(x^{t+1},y^{t+1})}\right]\times
$$
$$
\left[\frac{D^t(x^{t+1},y^{t+1})}{D^{t+1}(x^{t+1},y^{t+1})}\times\frac{D^t(x^t,y^t)}{D^{t+1}(x^t,y^t)}\right]^{1/2}
\tag{5-9}
$$

即全要素生产率指数=纯技术效率（产权效率）×规模效率×技术变化指数，该指数可以说明自然资源配置、利用水平和规模水平等的变化。

其中，技术变化指数表示经济社会生产对自然资源利用的技术变化程度。当其大于1时，说明自然资源利用整体技术水平在进步；当其等于1时，说明整体技术水平并没有变化；当其小于1时，说明整体技术水平在下降。

规模效率表示自然资源资产的规模效应造成效率水平的变化，其值等于1则说明规模效率相对最优；小于1时则说明规模效率降低，逐渐远离最优规模。

纯技术效率表示自然资源资产的开发利用管理水平的变化。当其等于1时，说明纯技术效率相对优化，自然资源资产管理水平改善提高了产权效率；当其小于1时，说明纯技术效率处于降低状态，管理技术落后致使产权效率下降。

第三节　我国自然资源资产管理的产权效率评价

对自然资源资产管理的产权效率评价采取 DEA 模型分析，通过建立指标体系对原始数据进行预处理，再通过 Malmquist 进行模型分析，对近年我国各省份自然资源资产管理制度进行产权效率分析。

一、原始数据获取

自然资源资产管理制度改革在党的十八届三中全会以后开始进入探索实施阶段，国家和各省份均出台了相应的政策制度对自然资源资产管理体制进行创新，本书拟对党的十八届三中全会后自然资源资产管理的产权效率进行分析评价，鉴于数据的可获取性，本书选取 2015~2021 年为考察期，对国家自然资源资产管理制度的产权效率问题进行分析，通过查阅相应年份《中国统计年鉴》《中国城市统计年鉴》《中国国土资源公报》等数据，收集相应年份的评价原始数据。其中，由于 2017 年以后统计口径变化，煤炭、石油、天然气基础储量改为按查明储量统计，本书根据查明储量与基础储量的历年对比关系进行测算取值。

二、分析结果评价

利用 DEAP 2.1 软件，基于投入为导向 BCC 模型，对 2015～2021 年全国各省份自然资源资产管理进行配置效率测算。2015～2021 年全国各省份自然资源综合效率评价如表 5-2 所示。

表 5-2　2015～2021 年全国各省份自然资源综合效率评价

省份	2015 年	2016 年	2017 年	2018 年	2019 年	2020 年	2021 年	综合效率均值
北京	0.997	1.000	1.000	1.000	1.000	0.998	0.996	0.999
天津	0.866	0.889	0.956	0.998	0.995	0.990	0.915	0.944
河北	0.635	0.588	0.532	0.458	0.451	0.433	0.412	0.501
山西	0.599	0.535	0.656	0.620	0.623	0.652	0.655	0.620
内蒙古	0.568	0.784	1.000	1.000	1.000	0.987	0.998	0.905
辽宁	0.522	0.489	0.610	0.578	0.601	0.622	0.652	0.582
吉林	0.000	0.752	0.874	0.456	0.545	0.557	0.487	0.524
黑龙江	0.505	0.535	0.452	0.354	0.411	0.452	0.485	0.456
上海	1.000	1.000	1.000	1.000	1.000	1.000	1.000	1.000
江苏	1.000	1.000	1.000	1.000	1.000	1.000	1.000	1.000
浙江	0.998	0.987	1.000	1.000	0.978	1.000	1.000	0.995
安徽	0.789	0.855	0.855	0.878	0.878	0.875	0.879	0.858
福建	0.931	0.998	1.000	1.000	1.000	1.000	1.000	0.990
江西	0.756	0.655	0.787	0.899	0.852	0.856	0.818	0.803
山东	0.752	0.757	0.874	0.657	0.735	0.745	0.752	0.753
河南	0.635	0.655	0.687	0.705	0.709	0.715	0.725	0.690
湖北	0.785	0.801	0.754	0.825	0.830	0.832	0.855	0.812
湖南	0.502	0.425	0.411	0.402	0.411	0.421	0.442	0.431
广东	1.000	1.000	1.000	1.000	1.000	1.000	1.000	1.000
广西	0.688	0.632	0.458	0.872	0.789	0.752	0.689	0.697

续表

省份	2015 年	2016 年	2017 年	2018 年	2019 年	2020 年	2021 年	综合效率均值
海南	0.854	0.912	0.945	0.962	0.965	0.987	0.988	0.945
重庆	0.622	0.452	0.498	0.588	0.601	0.619	0.625	0.572
四川	0.635	0.578	0.425	0.657	0.666	0.689	0.724	0.625
贵州	0.768	0.752	0.572	0.652	0.782	0.786	0.852	0.738
云南	0.654	0.612	0.512	0.457	0.520	0.532	0.555	0.549
西藏	0.578	0.654	0.758	0.666	0.698	0.632	0.599	0.655
陕西	0.542	0.577	0.489	0.632	0.589	0.586	0.562	0.568
甘肃	0.353	0.341	0.325	0.352	0.365	0.372	0.402	0.359
青海	0.887	0.902	0.925	0.978	0.952	0.965	0.977	0.941
宁夏	0.956	0.922	0.925	0.936	0.936	0.952	0.952	0.940
新疆	0.411	0.432	0.452	0.462	0.465	0.467	0.489	0.454
效率均值	0.703	0.725	0.733	0.743	0.753	0.757	0.758	0.739

资料来源：笔者自行绘制。

从各省份的综合效率分布来看，2015～2021 年，上海、江苏、广东三个省份都实现了 DEA 有效，这些地区自然资源的投入产出都达到相对最优状态，不增加资源投入要素时自然资源的产出也不会增加，而且这三个省份的自然资源资产综合效率历年均达到最优。从原始数据分析，三个省份的自然资源资产投入量相对较少，但足以支撑经济社会的产出增加，单位自然资源的投入换取了较高的生产规模，说明在自然资源开发利用的安排上较为高效，综合利用配置效率较高导致自然资源的单位产出较高。这些地区是我国经济社会发展程度和开放创新意识较高的地区，在制度创新上具有优势，更加重视自然资源资产的体制创新，效率处于最优状态，应继续保持自然资源的高效利用状态。其他各省份均没有实现 DEA 有效。其中，甘肃、湖南、新疆和黑龙江四个省份的自然资源资产配置效率较低，分别是 0.359、0.431、0.454 和 0.456，说明这四个省份的自然资源资产投入量较大，但是自然资源的产出量较低，相应的经济效益、社会效益和生态效益没有达到合意的水平，存在自然资源资产利用效率较低的问题。

2015~2021 年我国自然资源资产配置效率趋势如图 5-2 所示。从趋势图来看，2015~2021 年我国自然资源资产配置效率呈上升趋势。2015 年配置效率从 0.703 逐步上升到 2021 年的 0.758。说明"十三五"时期以来，我国生态文明制度越来越完善，中国特色现代化的自然资源管理体制逐步构建、渐成体系，推动我国自然资源资产配置效率不断提升。图 5-2 反映出自然资源资产综合效率逐步提高，这得益于自然资源资产管理体制改革，对未来经济发展与生态文明建设起到积极的推动作用。

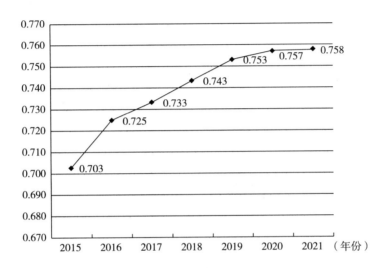

图 5-2　2015~2021 年我国自然资源资产配置效率趋势

资料来源：笔者自行绘制。

再运用 DEAP 2.1 做 Malmquist 分析，2015~2021 年各省份自然资源资产产权效率分解如表 5-3 所示。

表 5-3　2015~2021 年各省份自然资源资产产权效率分解

省份	综合效率均值	纯技术效率（产权效率）	规模效率
北京	0.999	1.000	0.999
天津	0.944	0.984	0.959
河北	0.501	0.773	0.648
山西	0.620	0.751	0.826

续表

省份	综合效率均值	纯技术效率（产权效率）	规模效率
内蒙古	0.905	0.992	0.912
辽宁	0.582	0.696	0.836
吉林	0.524	0.600	0.874
黑龙江	0.456	0.666	0.685
上海	1.000	1.000	1.000
江苏	1.000	1.000	1.000
浙江	0.995	1.000	0.995
安徽	0.858	0.998	0.860
福建	0.990	1.000	0.990
江西	0.803	0.920	0.873
山东	0.753	0.875	0.861
河南	0.690	0.798	0.865
湖北	0.812	0.820	0.990
湖南	0.431	0.806	0.535
广东	1.000	1.000	1.000
广西	0.697	0.857	0.813
海南	0.945	1.000	0.945
重庆	0.572	0.646	0.885
四川	0.625	0.709	0.881
贵州	0.738	0.781	0.945
云南	0.549	0.669	0.821
西藏	0.655	0.669	0.979
陕西	0.568	0.690	0.823
甘肃	0.359	0.492	0.729
青海	0.941	0.972	0.968

续表

省份	综合效率均值	纯技术效率（产权效率）	规模效率
宁夏	0.940	0.954	0.985
新疆	0.454	0.540	0.841

资料来源：笔者自行绘制。

从表5-3所得的效率分解结合原始数据分析可知，北京、上海、福建、浙江、江苏、广东的经济体量较大，地方财政收入较高，自然资源资产开发利用的经济价值、社会价值、生态价值较高，虽然其自然资源存量不一定优越，但是这些省份的自然资源管理水平较高，政策工具优化，能够促进自然资源的优化利用，其利用效率和产权效率均相对较优。而海南经济规模虽然较小，但其人口少，产业以第三产业为主，对自然资源的占用和投入较小，其自然资源的配置效率仍然达到DEA有效，这与该省产业结构轻型化有很大的关系。剩余省份分为两类：第一类是纯技术效率高于规模效率的省份，包括天津、黑龙江、河北、内蒙古、江西、安徽、山东、广西、湖南、青海，这些省份的自然资源资产产权效率相对于规模效率而言存在效率剩余，说明这些地区的自然资源DEA低效不是由于产权制度安排和管理能效导致的，而是由于规模低效造成的，存在自然资源资产的规模不经济现象，经济社会发展对资源的消耗较大。第二类是纯技术效率低于规模效率的省份，包括山西、辽宁、吉林、河南、湖北、重庆、四川、贵州、云南、西藏、陕西、甘肃、宁夏、新疆，这些省份虽然资源本底规模丰富且规模效率对配置效率具有正向效应，但是并未增加相应的资源产出，说明存在管理体制上的技术性浪费和低效，产权效率较低。

如果以全国自然资源资产产权效率平均值0.828进行划分（见图5-3），北京、天津、内蒙古等15个省份的自然资源资产产权效率高于全国平均水平，河北、山西等16个省份的自然资源资产产权效率低于全国平均水平，说明自然资源产权效率与经济发展程度并没有呈明显的正相关关系，而与产业结构、经济增长动力、技术水平、生态保育情况的关系更为直接。高投入、高产出、整体生产规模高的省份的自然资源产权相对效率不一定高，反而那些低投入、低消耗的省份的产出效率更高。

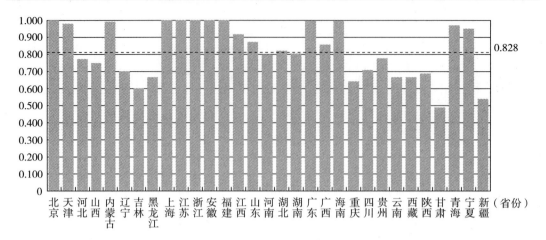

图 5-3   2015~2021 年各省份自然资源资产产权效率分布

资料来源：笔者自行绘制。

再按照区域进行分析（见图 5-4），自然资源资产产权效率的区域差较大，华北地区、华东地区、华南地区高于全国平均水平，华中地区、西南地区、西北地区、东北地区低于全国平均水平，东部、中部、西部存在产权效率的梯度差异。东部沿海地区虽然自然资源存量不足，但是高水平的科学技术和资源的管理体制创新更能激发自然资源的产出效率。而西北地区和西南地区自然资源禀赋丰富，但是生产力水平较为落后，再加上自然资源管理理念上和制度建设上进展较慢，也存在资源依赖的制度惯性，产权制度创新的动力机制不足，从后期的实地调研中也得到了证实。

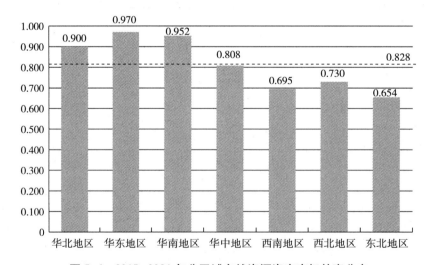

图 5-4   2015~2021 年分区域自然资源资产产权效率分布

资料来源：笔者自行绘制。

第四节　自然资源资产管理的产权制度问题

随着市场经济的发展，部分地区自然资源资产产权不清晰、自然资源资产权益缺乏充分保障、自然资源资产收益分配不合理等弊端日益显现，已不能适应社会主义市场经济的发展和生态文明体制改革的需要。部分地区自然资源资产管理的产权制度方面仍存在以下一些问题：

（1）资源底数计量口径有待统一。由于以前自然资源分部门管理，对林地、草地等分类资源的定义和界定标准不同等原因，导致部分自然资源底数不清晰，甚至重复统计。

（2）资源主体权益落实难度较大。由于自然资源产权主体规定不明确、收益分配机制缺失等原因，导致自然资源所有者主体缺位现象较突出，所有者权益落实难度较大。从全民所有自然资源资产看，虽然我国法律规定国务院代表行使占有、使用、收益和处分的权利，但相关配套规章制度有待完善。全民所有自然资源资产和集体所有自然资源资产还存在边界模糊、权属不清问题。

（3）法律体系有待优化。由于部分地区相关法律法规规定未明确等原因，导致部分自然资源权利体系不完善、产权主体权责不清晰，使自然资源在开发利用和保护过程中出现许多问题。首先，自然资源资产权利体系协调，土地资源、森林资源、草原资源权利体系复杂，按权属、用途、经营方式等不同标准分类，既有交叉重叠（如国有林区林地包含建设用地），又有空缺遗漏（如国有农用地）。渔业权和水资源使用权、海域使用权之间，取水权与采矿权之间（矿泉水）等不同权利交叉重叠。其次，部分地区自然资源产权权能有待完善，实现方式较单一。再次，部分地区自然资源资产所有权人职责有待清晰，部分地区过度配置水资源的问题尚未得到有效控制。最后，部分地区自然资源资产义务体系有待完善。

（4）保护措施和监管力度需提升。部分地区由于制度不完善、资金不足等原因，导致自然资源保护不严格、监管力度不足。一方面，部分地区自然资源资产产权保护制度不完善，当前侵害自然资源产权、制约自然资源产权救济的问题仍然存在，如对市场经济中公平竞争权利侵害的部门保护主义和地方保护主义、对公民合理合法诉求保护不力、信访不畅、对公民居住权等侵害的生态环境污染问题等，这些侵害和权利救济问题如果处理不好，很容易激化社会矛盾。此外，部分地区对自然资源使用权保护不够现象也一定程度上存在，如水资源使用权因确权登记还不到位，权利保护比较薄弱，用水户的权利特别是农民的用水权益很容易受到侵害等。此外，部分地区的自然资源资产监管技术、资金等保障还有待提升。

第六章 基于产权效率的自然资源资产管理体制优化设计

自然资源资产管理体制既涉及各产权主体的利益格局调整，也涉及中央和地方事权、财权的改革，是一项涉及面广、技术性强的系统工程。当前，国家虽然已经开始对自然资源资产管理体制进行改革和完善，但制度体系、政策工具等仍处于探索阶段，地方各级自然资源资产管理部门也不断实践，需要从顶层设计、制度体系等方面不断优化，形成具有中国特色的自然资源资产管理体制和运行机制，构建现代自然资源资产治理体系，提升自然资源资产的治理能力。

第一节 制度框架设计

2018年自然资源部的组建，将土地、矿产、森林、草原、湿地、水、海洋等自然资源资产管理和国土空间用途管制职能实现了统一行使，由自然资源部代表国家履行全民所有各类自然资源资产所有者职责，在机构设置上迈出了坚实的第一步。同时，《关于统筹推进自然资源资产产权制度改革的指导意见》《中共中央 国务院关于建立国土空间规划体系并监督实施的若干意见》《关于建立以国家公园为主体的自然保护地体系的指导意见》《关于完善建设用地使用权转让、出租、抵押二级市场的指导意见》《天然林保护修复制度方案》《自然资源部办公厅关于印发〈海洋生产总值核算制度〉的函》等一系列文件的出台初步建立起我国自然资源资产管理四梁八柱。但是，地方各级政府在履行有关职能时仍然存在着制度制定与制度实施的行动落差，从省到市再到县普遍还缺乏行之有效的实施方案和行动路演。因此，必须加快自然资源资产管理制度框架的设计和制度实施机制的孵化，不断完善自然资源资产管理实施路径设计。

一、完善中国特色自然资源资产产权主体结构

健全自然资源资产管理体制，首先就是要实现产权主体结构合理化，完善由全民或国家所有者和集体所有者共同组成的中国特色自然资源产权主体结构，实现各类产权主体的权利和义务的平等与均衡。

一是根据自然资源重要程度的差异，探索建立中央政府和地方政府分级代理行使自然资源所有权职责的体制机制，科学区分全民所有中央政府直接行使所有权和全民所有地方政府行使所有权的资源清单及其边界范围。二是落实集体自然资源所有权地位，强化集体组织独立性，健全集体组织内部民主程序，杜绝各类单位和个人对于集体自然资源所有权的不当干预。

在土地资源方面要以国有和集体两种土地"同地同权"为价值导向，改革完善现行征地制度，逐步改变城乡分治格局，合理确定集体经营性建设用地入市的范围、途径、主体及收益分配方式，着力构建农村集体经营性建设用地制度。

在矿产资源方面要以矿业权制度为核心，完善矿产资源资产产权制度体系，建立健全矿产资源资产权利结构和组合方式，明确矿产资源资产的所有权实现形式，在矿产资源资产所有权和使用权两权分离的基础上，继续完善各项权利的具体权能。明确矿业权作为行政许可与资产权利之间的关系，明确政府与市场的关系及行为边界。着力规范矿业权的取得并促进其流转，严格规范矿业权的市场运作方式。按照权证分开的原则，强化矿业物权的法律地位，强化矿业权登记的效力、界定矿业行政执法的界限，坚决防止矿产行政权侵犯矿产财产权的行为。正确处理矿产资源资产产权人（矿业权人）与矿产资源载体（土地）权利人之间的财产权益关系，改革探矿权和采矿权用地制度，逐步实行探矿用地有偿使用制度、矿业租地制度和土地作价入股等。

在水资源方面必须坚持水资源的国家公有性质，用法律形式对水资源资产管理机构及其权责进行明确，推动水资源资产管理体制创新，科学区分水资源资产所有者权利和水资源管理者的权力。通过合理划分中央与地方事权和监管职责，探索建立分级行使水资源所有权的体制。通过政府有偿出让水资源使用权，落实水资源所有权人权

益。通过开展多种形式的水权交易，发挥市场机制优化配置水资源作用。同时，通过水资源使用权确权登记，明确水资源资产所有权、使用权及使用量，建立健全用水权初始分配制度。加强水资源的用途管制和水交易市场监管，保障公益性用水，实现水资源使用权有序流转。

国有森林资源产权制度改革的核心是建立并完善国有森林资源资产有偿使用制度。一是明确允许开展国有森林资源资产有偿使用的范围和事项。二是分别规范各类国有森林资源资产的有偿使用方式。三是合理划分中央与地方行使国有森林资源资产所有权的权限范围。四是健全国有森林资源资产有偿使用配套制度。

明确自然资源资产的占有、使用、收益和处分等权利归属和权责承担，适当扩大自然资源资产使用权的出让、转让、出租、抵押、担保、入股等权能。确立国有农场、林场和牧场土地所有者和使用者权能，不断完善探矿权、采矿权、集体经营性建设用地使用权、农村土地承包经营权、宅基地使用权、海域使用权的有关管理制度，逐步消除对自然资源市场流转、融资抵押、财产继承等方面的不适宜限制，实现自然资源要素的市场化配置。逐步扩大自然资源使用权主体范围，国有自然资源产权要逐步向民间资本开放，推动自然资源产权领域的混合所有制经济的发展，对于国有企业、外商企业、私营企业要给予平等对待，建立公开、公平、公正的竞争秩序。

二、健全自然资源资产产权交易制度

以消除资源管理体制和资源配置机制等方面的障碍为突破口，促进资源产权顺畅、有效流转。具体措施如下：

一是改革完善土地招拍挂制度。实行价优者得、收支两条线和多主体供给，建立产权明晰、市场定价、交易安全、信息聚合，符合城乡建设用地统一市场要求的国家土地一级市场。完善交易机制，创新运行模式，健全服务体系，加强监测监管。

二是完善矿业权出让制度。按照市场经济要求和矿产资源规律建立社会主义市场经济条件下的探矿权、采矿权出让方式。着力理顺矿产资源有偿取得、占用和开采中所有者、投资者、使用者的产权关系，建立国家矿产资源权益金制度，完善探矿权、采矿权使用收费机制和矿产资源最低勘查投入标准，建立矿产资源收益向地方倾斜的分配机制。

三是完善海域、海岛有偿使用制度。建立海域、无居民海岛使用金征收标准调整机制，完善海域、无居民海岛使用权有偿出让制度。

四是鼓励开展水权交易。在水资源确权的基础上，鼓励和引导地区间、用水户间开展水权交易，探索多种形式的水权流转方式，积极培育水市场。建立水权交易监管体系，发挥政府在用途管制和水市场监管方面的作用，明确市场准入、风险防控、用途管制要求。

五是完善集体林权制度。持续稳定林地承包权，不断拓展森林经营权能，完善林权抵押贷款和流转制度。稳定集体草原承包经营制度并着力创新，实现草原承包地块、面积、合同、证书"四到户"，规范草原经营权流转。

六是健全国有自然资源价格形成机制、有偿使用方式和成交价格确认制度。按照"发挥中央和地方两个积极性"和"资源收益全民共享"的基本原则，科学分配中央与地方、所有者与经营者在自然资源收益中的比例，完善自然资源收益分配机制。统筹兼顾，加强自然资源交易平台建设，培养专业的市场中介，健全交易机制，维护交易秩序，确保交易安全，参照目前国有建设用地市场交易机制，逐步搭建统一的城乡建设用地市场，以及水权、林权、探矿权、采矿权等产权交易市场。

三、建立自然资源资产产权保护制度

尊重和保障自然资源使用权人的合法权益，在符合用途管制及法律法规有关制度下，保护自然资源使用者和经营者的自主权，支持自然资源使用者依据自然资源的使用情况进行合理的开发利用，禁止以任何行政、强制手段干涉自然资源使用权人合法的生产经营活动。在征收或者收回自然资源使用权时，要依照法定的程序和价格公平补偿使用权人。完善自然资源产权争议调解处理机制和损害赔偿机制，严格保护各类自然资源产权人的合法权益。修订和完善已有的自然资源产权保护的法律法规，科学确定并细化不同产权主体在资源开发利用和经营中的责权利关系。对在资源开发利用的实际过程中发生的产权纠纷，引导当事人通过协商、行政调解、仲裁、诉讼等多种途径及时化解矛盾。构建自然资源监督部门和执法部门及时办案、处理和反馈机制，对自然资源的侵权行为进行查处，切实保护国家、企业、个人等不同产权主体的合法权益。

四、完善自然资源资产产权监管制度

建立覆盖全部国土空间的天地一体资源监测系统，对国土空间范围内自然资源的

变化进行动态监测。实施最严格的水资源管理制度，划定水资源保护红线。实行围填海总量控制制度，建立自然岸线保有率控制制度。完善森林限额采伐制度，健全林地、天然林、湿地保护制度和沙区植被封禁保育制度、草原资源的限制和禁止开垦制度以及以草定畜制度。建立耕地草原河湖休养生息制度。

强化自然资源监督机构的法律地位。从横向上整合优化自然资源监督力量。按照综合监督和分类监督相结合的原则，探索设立综合性自然资源监督机构，明确各门类资源监督主体的监督内容。同时，针对不同的监督客体实行不同的监督手段。从纵向上探索建立自然资源监督垂直管理新体制，设立相对独立的自然资源监督机构，加强中央监督机构能力建设，通过设立的区域派出机构，延伸中央政府的监督距离，从而保证地方政府贯彻落实中央政策，保证政策的连续性和权威性，提高政府的公信力和执行力。在国家土地督察制度和生态环境省级以下垂直管理基础上，加大自然资源监督垂直管理，拓展垂直管理范围，强化监督主体独立性。

第二节　政策工具创新

政策工具是自然资源资产管理行为的实施手段，自然资源资产管理体制优化必须在工具上进行创新。

一、全面实施自然资源普查

按照统一的分类系统要求，在原有的土地资源调查、各类自然资源调查基础上，对自然资源的储量、数量、质量、变化趋势等自然属性及其权属和开发限制条件等进行调查，每5年一次，如遇特殊情况可以适当调整时间。

以自然资源统一确权登记为目的的自然资源调查由自然资源所在地县以上人民政府统一组织，由当地自然资源主管部门会同相关部门，在现有的各类自然资源调查的基础上，以土地利用现状调查等成果为基础，结合各类自然资源普查或调查的成果，通过实地调查，查清登记单元内各类自然资源的边界、类型、面积、规模、形态和品质等，形成自然资源调查成果。

土地资源、水资源、海洋资源、森林资源、草原资源的调查均应与全国土地、水利、海洋、森林、草原调查等结果进行衔接，由自然资源所在地县以上人民政府组织，自然资源主管部门会同其他相关主管部门对各类资源进行调查。矿产资源的调查应由国务院自然资源主管部门具体负责，省、自治区、直辖市人民政府自然资源主管部门对本行政区域内矿产资源勘查、开采的监督管理工作。

自然生态空间的调查，如国家公园、湿地保护区、水流等应该由自然资源所在地县以上人民政府统一组织，由自然资源主管部门会同相关部门，以土地利用现状调查成果为底图，结合各类自然资源普查或调查成果，查清登记单元内各类自然资源的边界、类型、面积、体量和质量等，形成自然资源调查图件和相关调查成果。一些跨区域的自然资源，由所跨区域的共同上级人民政府、自然资源主管部门组织进行自然资源的调查。

自然资源调查是为自然资源统一确权登记而服务的，调查清楚自然资源的边界，包括国有和集体所有的自然资源的边界，国有自然资源在不同层级政府行使所有权的边界，不同集体所有者之间的界限以及不同类型自然资源的边界。调查清楚各类资源的位置、界址、空间界限、面积、数量、质量、用途等自然状况，明确自然资源监管主体的权利与义务，对于自然资源的用途管制、生态红线、公共管制以及其他特殊保护要求等进行调查。

水资源的调查应对水资源的流域、位置、类型、面积、水位线、径流量、水期、水质、主要生物资源情况；水资源的所有权主体、管理主体及其权利和义务的内容、来源、期限、限制以及权利变化等情况；水资源的规划利用和开发限制条件等进行调查。

海洋资源的调查应对于海洋资源的类型、位置、边界、资源储量；海洋资源的所有权主体、管理主体及其权利和义务；海洋资源的开发利用限制条件、规划用途等情况进行调查。

矿产资源的调查应对矿产资源的类型、位置、已勘探储量等；对矿产资源的采矿权、探矿权等进行调查。

森林资源的调查应对森林的位置、类型、面积、界线，林木的储量，森林的病虫灾害情况、土壤情况，主要生物资源情况；森林资源的所有权主体、管理主体及其权利和义务；森林资源的开发限制条件、规划用途等进行调查。

草原资源的调查应对草原的位置、类型、面积、边界、分布、种类、等级、产草量、载畜量、承载力，草原的主要生物情况，草原的荒漠化、沙漠化、盐碱化情况；草原资源的所有权主体、管理主体及其权利和义务；草原资源的开发限制条件和规划用途等进行调查。

荒地资源的调查应对荒地资源的位置、类型、面积、边界、开发利用程度、宜能荒地类型、盐碱程度、沙化程度等；荒地资源所有权主体、管理主体及其权利义务；荒地资源的开发限制条件和规划用途等进行调查。

滩涂资源的调查应对滩涂资源的位置、类型、面积、边界、潮位线、地质组成成分、主要生物资源；滩涂资源所有权主体、管理主体及其权利义务；滩涂资源的开发限制条件和规划用途等进行调查。

自然生态空间的调查由自然生态空间所在地的各级人民政府以及各资源管理委员会根据其自身特殊属性进行专项调查。调查应包含其生态空间内的所有自然资源的类型、位置、界址、空间界限、面积、数量、质量、用途等自然状况；其所有权主体、管理权主体及其权利和义务；其所有权主体、代表行使主体、管理主体及其权利和义务；用途管制、生态红线、公共管制及特殊保护要求等限制情况。

总体而言，自然资源调查应该包括自然资源的类型、位置、空间边界、面积、规模、质量、用途等自然状况；自然资源所有权主体、使用主体和管理主体及其权利与义务；自然资源用途管制、生态红线、公共管制及特殊保护要求等限制情况；其他需要调查事项。

二、统一自然资源确权登记

自然资源确权登记是一项利国、利民的基础性工作，实施统一的自然资源资产确权登记是现代社会发展进程中的必然趋势。

在登记单元设计上，必须具备以下条件才能满足自然资源登记单元设定的要求：一是要有明确的界址或界线。自然资源是一个完整、闭合的生态空间，以此作为登记单元无论是土地还是自然资源，只有具有明确的界址或界线时，才能和其他自然资源相区分，进而为物权人所支配，该物上的物权才可以被载入自然资源登记簿。二是在地理空间上具有确定性。自然资源的形态会发生变化，水资源会不停流动、森林的动植物会繁衍生息，不管是形态、数量，还是范围种类都在不断变化，自然资源存在着很大的不确定性，而土地是各种自然资源的载体，在各种自然资源的确权登记中，均会涉及土地。因此，土地登记系统可以作为不同类型自然资源确权登记的共同标尺。三是要考虑生态功能的完整性。自然资源单元的设置需要考虑自然资源分布特征，异于行政管理单元，自然资源在空间上呈现出整体性、生态系统性的特征，既与地块有关系，同时也与地域相关联，是多类自然资源以土地为载体的空间集合，如自然分布上的特有单元，流域、森林管区等，可能会出现交叉重叠的情况，如国家公园中的水流，因此，在登记单元的划分过程中需考虑自然资源生态功能的完整性以及地域空间上的集中连片性。

按此标准划分，自然资源登记可以是以行政辖区为基础的登记单元，也可以是完整的自然生态空间为登记单元。登记的方法可以采取编码制，以县域为单位将国土空间划分为不同单元，赋予每个单元全国唯一代码，自然生态空间采取单独的编码体系，详细记录国家所有自然资源所有权的权利人、使用主体及权利内容、监管行为等权属状况，登载自然资源单元的坐落、空间界址、类型、体量、规模以及内部包含的各类型自然资源的使用状况、自然资源用途管制、生态红线、公共管制及特殊保护要求等限制情况，自下而上汇总形成全国自然资源资产登记系统，并建立全国自然资源资产数据库。

三、深化自然资源用途管制

通过放权管制，转变常规管制模式中私人权利与公共管制的对立、政府与市场相互割裂的观念，建立管制资源配置的市场导向，实现市场对管制的自我激励，促进管制规范的私法化，构建行政权力与私人权利的平等关系，充分达致公益与私权的利益平衡。

一是建立差异化的空间规划效力体系。强化战略性空间规划的法律效力，战略性自然资源生态空间规划应是全国和省域内具有重大生态功能、关涉国家生态安全的规划。对于此类规划应赋予强制性的法律效力，实行严格的行政干预管制，即对生态保护红线内的规划赋予完全的行政管制。显化保护性空间规划的法律效力，对于自然空间外生态红线外区域应纳入政府干预的法定范围。这一层级的空间规划应以政府为主导，但要赋予利益相关主体以协商权，通过立法明示受规划影响的利益相关者主体类型和具体权能，形成对规划决策的实质性参与权、同意权与否决权。实现自然生态空间外规划的弹性效力，对于自然生态空间外的规划，应合理配置管制中的公法与私法规范。除赋予利益相关主体协商权以外，还应赋予其规划无效的确认请求权和特定损害的赔偿权，对于违反法律的规划行为，利益相关主体有权诉请法院确认规划无效，相关受害人有权请求附带的赔偿。

二是探索建立多层次弹性管制措施。丰富用途管控法律关系，改变其管制过程的单向性，提升管制的法律地位，促进公私利益的双赢。对于生态红线内区域，实现政府完全管制，政府应采取积极的管制策略，制定管制的目标、措施和具体制度。对于生态红线外的自然生态空间区域，政府应采取合作管制方式，结合各利益主体的意愿制定一体化的管制规则，通过适度的管制干预，在可控的范围内激活资源利用市场。自然生态空间外区域，政府应采取趋势式管制方式，资源的利用结构与调节应由市场主导，资源利用配置规则应主要由市场主体来决定。

三是探索建立规划许可交易的长效补偿机制。在总量控制的前提下，自然资源的用途管制补偿可采用市场配置机制。在现有"资金补助、产业转移、移民安置、人才培训、共建园区"等行政运作方式外，引入发展权转移等私法规范，开发受限区域的权利人将发展权由市场出售给适宜开发的区域，从而弥补潜在开发价值损失，使受限区主体共享发展增益。

四、建立自然资源资产核算体系

自然资源资产核算是自然资源资产收益管理的技术和科研支撑，也是自然资源资产管理能力建设的重要内容。自然资源资产核算工作是一项跨学科综合性工作，涉及土地、矿产、林草、水利、农业、生态、测绘、统计等多个领域，但目前仍缺乏成熟的工作机制和技术支撑。自然资源资产管理体制优化必须对自然资源资产价值进行核算，建立科学的自然资源评价体系。

一是建立国家自然资源资产核算技术标准和体系。健全资产实物核算和价值核算规程制度，理顺工作机制，明确监管、管理职责，明确自然资源资产所有权、使用权、监管权的权利边界。加快制定自然资源资产清查技术指南、资产负债表编制指南、资产数据库标准等，明确资产核算标准体系，形成可全面开展的工作模式和技术条件，便于各地数据和成果的横向对比。

二是建立自然资源资产价格体系。建立自然资源公示价格体系，完善现有土地基准地价成果，建立城乡全覆盖、地类全覆盖的土地基准地价。同时，扩充矿产基准价成果，实现矿种价格信息全覆盖。探索开展草地、林地分等定级工作，建立草原、森林公示价格体系，打通资产实物量向资产价值量转化的"通道"，发挥市场在资源配置中的决定性作用，推动自然资源有偿化使用和节约集约利用。[①]

三是探索建立自然资源资产生态价值核算体系。探索湿地、草原、森林等资源生态价值核算方法，显化其资产价值，为生态补偿市场化配置机制奠定定价基础，推进生态补偿和保护修复。水资源气候调节、生物多样性维持等功能的生态价值核算方面进行研究和探索，形成科学的指标体系和核算方法。

四是建立自然资源资产核算与审计及结果使用制度。将自然资源资产会计核算结果纳入国民经济核算体系，将自然资源全要素生产率纳入国民经济和社会发展目标体系，强力推进自然资源资产负债表编制，普遍开展自然资源资产任中和离任审计。健全自然资源资产市场交易制度，加快资源要素有形市场和全国统一的公共资源交易平台建设，建立健全自然资源资产交易规则，明确自然资源资产市场配置原则。

第三节　有关政策建议

一是建立问责机制。完善规范公众参与有关资源资产管理问题的形式，扩展公众获取有关政府信息的渠道，确立公众参与制定有关政策法规的程序，健全调查、谈判、听证和举报等制度，加强行政执法监督、立法监督和司法监督，构建自然资源资产管理机构的多元监督机制。高度重视政府资源资产管理机构内部监督，深入推进自然资源资产监督管理工作创新，加强检查评估、合同/协议备案、信息披露、联席会议、约谈约访等手段的综合运用，建立监察、审计等部门共同参与的自然资源资产监督管理联动机制，落实管理问责制。制定资源资产管理工作绩效评价方法，建立绩效管理考核评价长效机制，完善自然资源资产管理机构内部考核体系和奖惩制度，探索建立自然资源资产监督管理第三方评估和听证制度。

二是创新自然资源监管工作机制。建立内部信息共享和沟通协调机制，建立统一

[①] 张永红，刘小龙，陈淑娟. 自然资源资产清查核算的宁夏实践［J］. 中国土地，2020（8）：37-39.

的监督情报信息库，实现信息整合，对部门化、碎片化的需求信息进行整合管理，经过严谨细致的分析、整理、比较、鉴别和提炼，建立详尽的监督需求清单，实现党风廉政建设、决策参考、执法督察三位一体。完善上下联动机制，第一层级是自然资源主管部门各内设机构要切实履行职责，各尽其职，共同设防，可以较大程度地有效预防自然资源领域违法行为的发生；第二层级是自然资源主管部门与相关部门建立共同制止和处置自然资源违法行为的合作联动机制，相关部门根据职责共同制止和处置自然资源违法行为，形成执法合力；第三层级是自然资源主管部门建立与法院、检察院、公安、纪检监察等部门建立协作配合机制，通过联席会议制度、信息通报制度、案件移送制度、案件查处协作配合机制等联合出台相关文件、组建联合执法机构、开展联合执法行动，建立制止和查处自然资源违法行为的联动机制。

三是构建新型公众参与机制。加强公众参与认知层面上的教育和宣传力度，健全保障公众参与的法规，规定参与原则、参与方式、保证措施等，使公众参与自然资源管理行为更加规范化、制度化、理性化。探索采取将管理委员会模式、情景工作团队模式应用于公众参与自然资源管理的多种形式，形成行业自律监督、社会舆论监督、行政监督三位一体的立体监督模式。

第七章 不同类型自然资源资产产权制度研究

随着自然资源资产管理体制从提出走向实施，国家自然资源资产制度体系不断完善，管理政策工具不断创新。尤其是党的十九大以后，自然资源部、国家林业和草原局、国家发展改革委、生态环境部等部门积极探索，针对不同类型自然资源资产管理需要、资源基本属性和资源管理中的现实问题，开始了自然资源资产产权制度改革之路。

第一节 土地资源资产产权制度研究

土地资源是一种非常重要的自然资源，是人们安身立命之本。充分合理利用土地资源必须构建并完善土地资源资产权利体系。完善土地资源资产产权体系对于健全自然资源产权制度意义重大。土地资源资产权利体系建设是自然资源资产管理体制改革的重要内容，国家正在进行大量的改革尝试，积累了丰富的试点经验，可作为自然资源产权制度改革的突破点，也为其他方面改革提供了先行示范。

一、土地所有权现状与问题

（一）国有土地所有权

1. 国有土地所有权主体

我国法律对土地所有权主体的规定较为简单明确，即国家所有（全民所有）与集体所有，这是我国社会主义公有制在土地上的两种表现形式。《中华人民共和国宪法》《中华人民共和国民法典》《中华人民共和国土地管理法》《中华人民共和国土地管理法实施条例》《确定土地所有权和使用权的若干规定》等法律法规是确定土地所有权主体的法律依据。

国有土地所有权主体是国家，在社会主义公有制大背景下，国家所有即全民所有。但要注意，国家与全民是一组抽象的概念，因此，为实现土地的国家所有权，还必须有专门机构受其二者委托成为代表行使主体，我国法律规定这一主体为国务院。在实践中，地方各级政府和自然资源管理主管部门都或多或少有所参与。明确国家所有和代表国家行使所有权是一切改革开始的前提和基础。

2. 国有土地所有权客体

关于国有土地所有权，现行《中华人民共和国宪法》第十条、《中华人民共和国民法典》第二百四十九条、《中华人民共和国土地管理法》第九条都做了规定。以区域为标准，国有土地可以划分为城市市区的国有土地和城市市区以外的国有土地。

（1）城市市区的国有土地。尽管"城市"和"城市市区"二者字面含义不一致，但是《中华人民共和国宪法》中也出现了城市郊区的规定，可以推断《中华人民共和国宪法》中"城市的土地"的立法本意，与《中华人民共和国土地管理法》中"城市市区的土地"含义是一致的，《中华人民共和国民法典》沿用了《中华人民共和国宪法》表述。

城市土地的界线存在少许问题。首先，什么是城市。我国20世纪50年代制定了具体的市镇设置标准①。因此，全国县级（含县级）以上城市城区的土地归国家所有，实践中一般将县政府所在地的建制镇的建成区认定为国有。其次，什么是"市区"，有两种意见分歧，一种是城市建成区，另一种是城市规划区。

（2）城市市区外的国有土地。原中华人民共和国国家土地管理局《确定土地所有权和使用权的若干规定》（1995年）在第二章全面梳理了法律规定属于国家所有的农村和城市郊区的土地的多种具体情形。因此，城市市区外的国有土地的界线是清楚、

---

① 《国务院关于调整城市规模划分标准的通知》（国发〔2014〕51号）以城区常住人口为统计口径，将城市划分为五类七档。城区常住人口50万以下的城市为小城市，其中，城区常住人口20万以上50万以下的城市为Ⅰ型小城市，城区常住人口20万以下的城市为Ⅱ型小城市；城区常住人口50万以上100万以下的城市为中等城市；城区常住人口100万以上500万以下的城市为大城市，其中，城区常住人口300万以上500万以下的城市为Ⅰ型大城市，城区常住人口100万以上300万以下的城市为Ⅱ型大城市；城区常住人口500万以上1000万以下的城市为特大城市；城区常住人口1000万以上的城市为超大城市。

清晰的，除此之外的土地均为集体土地。

3. 国有土地所有权行使现状

《中华人民共和国土地管理法》第二条规定，国家所有土地的所有权由国务院代表国家行使，现实中，对土地所有权的管理和行使都是分级进行的。

首先是各级人民代表大会及其常务委员会对土地行使法定权限。全国人民代表大会除制定《中华人民共和国宪法》及《中华人民共和国民法典》规定国有土地所有权的行使制度外，还通过审定国民经济和社会发展计划草案、全国土地利用年度计划草案、上年度中央和地方财政预算执行情况和本年度财政预算报告草案等方式，对土地出让收支进行审查，还通过制定和修订《中华人民共和国土地管理法》《中华人民共和国城乡规划法》《中华人民共和国城市房地产管理法》等明确土地所有权行使的方式和各级政府的权限。地方人民代表大会及其常务委员会对国家土地所有权的行使较少，主要表现在对城市和县城的控制性详细规划的备案与法律实施的监督权、预算的审查权、全民财产的保护权、重大事项的决定权等。

其次是各级政府。国务院依照法律规定各类建设用地使用权的最高使用年限、国有土地有偿使用的方式、制定具体的出让土地出让收入上缴和使用办法等。省级政府主要是下达土地使用权控制指标、年度出让计划以及按照权限批准由自己审批的出让土地的地块、用途、年限和其他条件。而市县一级政府主要行使详规批准、出让合同续期等权力。此外，各级土地行政主管部门（自然资源管理部门）也会按照法律赋权对土地行使管理权限。

总体上看，国家土地所有权权利分配主要是参照土地行政管理权力逐级分级配置的，体现了国务院、省和市、县事权的差异，权利配置从国务院到地方呈现出由宏观到微观、由"虚"到"实"的态势。基本体现了控制增量的权利和责任在中央、盘活存量的权利和利益在地方的精神，共同推进优化用地结构。但是，这种国有土地所有权行使机制是在工作实务中逐步摸索建立的，也存在一些问题。一是权利行使碎片化。土地所有权与普通财产权的区别有待得到法律体现，政府在行使土地权利时约束较少，城市居民较少直接或间接从国家土地所有权中获取收益。二是权利行使依附于行政权力。从国家土地所有权行使的实务来看，市、县两级政府作为主要代行国家土地所有权的主体获取了较多利益。三是权利观念淡薄。对土地制度发展进行历史分析，不难发现城乡土地制度改革的总体设计思路清晰、逻辑完整，通过耕地特殊保护、土地有效规划、城市建设控制等手段，全国土地利用处于国家的有效把握之中，然而现实与制度设计有一定偏差，出现了诸如部分地区耕地保护制度没有防止耕地持续减少、部分地区地方政府过度依赖土地财政等问题。

在市场经济快速发展的时代，国家土地所有权的行使亟须建立以产权保护为核心的、由政府与市场协同配置土地资源的土地资源资产权利体系，逐步树立土地资产经营的理念。

（二）集体土地所有权

1. 集体土地所有权现状

从法律文本上讲，排除上述国有土地所有权客体，剩余部分土地均为集体所有，按照土地类型划分，主要包含：集体农用地、集体建设用地、宅基地以及属于集体所有的未利用地。

《中华人民共和国民法典》中对于集体所有的土地和森林、山岭、草原、荒地、滩涂等依照下列规定行使所有权："（一）属于村农民集体所有的，由村集体经济组织或者村民委员会代表集体行使所有权；（二）分别属于村内两个以上农民集体所有的，由村内各该集体经济组织或者村民小组代表集体行使所有权；（三）属于乡镇农民集体所有的，由乡镇集体经济组织代表集体行使所有权。"从这条规定中，我们可以明确农民集体是集体土地所有权的主体，其代表行使主体又包括村农民集体、乡镇农民集体和农村村民小组农民集体。

2. 集体土地所有权存在的问题

（1）集体土地价值可能被低估。按照《中华人民共和国宪法》和《中华人民共和国土地管理法》的规定，国家为了公共利益的需要依照法律规定和程序对土地实行征收或者征用并给予补偿，除此之外，任何组织或者个人不得侵占、买卖或者以其他形式非法转让土地。任何单位和个人进行建设需要使用土地的，必须依法申请使用国有土地——国家所有的土地和国家征收的原属于农民集体所有的土地。其结果是，在国家垄断一级土地市场的前提下，集体土地的价值存在被低估的可能，这也是当前为何要推进集体经营性土地入市的直接原因。

（2）集体土地主体间存在利益冲突。按照现行法律规定，农村集体土地分为乡镇农民集体、村农民集体、农村村民小组三级所有。但是，在集体土地所有权的实现过程中，各级主体之间普遍存在着利益冲突，其原因在于：我国农村土地确权的法律法规有待健全，土地权属的确认难度较大，由此衍生出了一个重要的问题，即集体土地收益分配的合理性有待提升。

（3）农村集体土地资产监管较粗放。在大部分农村地区，集体资产处置方式较不明确，对确权的集体资产进行评估、确认集体资产所有权的归属方式和方法、集体经济组织的债权债务清理、集体资产处置方案、享有集体资产收益分配权人员及其分配比例的确定等问题较缺乏具体的办法和政策。

二、土地用益物权与担保物权的现状和存在问题

（一）国有农用地使用权

国有农用地是指国家所有的用于农业生产经营的土地。目前，国有农地使用的类型主要有如下几种：①由农民集体长期使用，实行农村土地承包经营制度；②由单位（包括集体）或者个人承包经营；③通过组建国有农场、林场等进行生产经营；④未完全开发利用的土地[①]。

就第一种情形而言，国有农用地权被《中华人民共和国民法典》纳入土地承包经营权当中，与农村承包经营土地没有本质区别。未完全开发利用的土地，尚未进入到利用、交易阶段，其存在的主要问题是确权难。但是，国家法律以及地方也有较为成熟的经验。对于经过批准的开发国有未利用土地的行为，批准开发的主体就是产权主体。对于未经批准的开发利用行为，《中华人民共和国土地管理法》第四十一条规定："开发未确定使用权的国有荒山、荒地、荒滩从事种植业、林业、畜牧业、渔业生产的，经县级以上人民政府依法批准，可以确定给开发单位或者个人长期使用。"

此外，有两个地方法规可供参考。一是1999年《海南省确定土地权属若干规定》第八条规定："《中华人民共和国土地管理法》实施以前，单位和个人未经批准开发国有荒山荒地用于农、林、牧、渔业生产的，依法确定其国有土地使用权。"二是2001年《广东省人民政府办公厅关于国有农场土地确权与登记发证工作的意见》第一条第四款规定："1987年《土地管理法》实施前国有农场开发未确定使用权的国有荒山、荒地、荒滩从事种植业、畜牧业、渔业生产且使用至今的，土地使用权可以确定给国有农场。"因此，1987年以前在未经批准利用国有土地进行农业开发时，可以按照实际使用情况确定产权归属；《土地管理法》实施之后出现的未经批准在国有土地上进行农

① 胡康生. 中华人民共和国物权法释义 [M]. 北京：法律出版社, 2007：305.

业开发的，做好权属争议调处，依法确定权利主体。① 第二种情形和第三种情形较为复杂，学界和实务界讨论颇多，其焦点问题是如何认识国有农地使用权。

（二）土地承包经营权及其担保

农户将土地承包经营权参与到新型经营主体或合作社当中，一般包括合伙和入股，这些经营方式一方面能够保障农户基于土地承包经营权获得相关的收益，另一方面又能促进更多资金和技术投入农业生产当中。与合伙形式更为灵活相比，土地承包经营权入股存在一些障碍或问题需要解决。

第一，无论是土地承包经营权，还是土地经营权入股，都面临一些期限限制问题。相应的解决方式是，当事人之间尽可能约定长期限的土地承包经营权和土地经营权。

第二，两者的入股应当用于农业生产经营，而不得改变原有用途，包括不能将原有的耕地转变为渔业用地，也不能将原有的水稻种植改成桑树种植，破坏土地原有机能。因为一旦入股结束，土地经营权或土地承包经营权都有可能回归原有农户，改变土地原有生产机能实际上损害了土地承包经营权人和集体经济组织的权益。

第三，土地经营权的入股需要相关法律制度予以保障，毕竟土地经营权主体、权利性质与土地承包经营权是存在差异的，其入股的相关配套法律制度的适用并不能参照或准用土地承包经营权。比如，在土地经营权定性为债权情形下，相应的登记来增加其对抗效力是有必要的。

第四，土地经营权或土地承包经营权入股后，该土地上的土地承包经营权人脱离农户身份时，相关主体之间的利益关系处理应参照本书前述土地承包经营权退出机制的处理方式。

（三）建设用地使用权

1. 国有建设用地使用权

国有建设用地使用权涉及两大基本问题：一是住宅建设用地使用权的自动续期，二是国有建设用地分层确权。

对于第一个问题，《中华人民共和国民法典》第三百五十九条规定"住宅建设用地使用权期间届满的，自动续期。续期费用的缴纳或者减免，依照法律、行政法规的规定办理。非住宅建设用地使用权期间届满后的续期，依照法律规定办理。该土地上的

---

① 国有农用地的权属争议调处详见《国土资源部 财政部 农业部关于加快推进农垦国有土地使用权确权登记发证工作的通知》（国土资发〔2016〕156号）的有关内容。

房屋及其他不动产的归属，有约定的，按照约定；没有约定或者约定不明确的，依照法律、行政法规的规定办理。"问题主要集中在续期是否要支付对价、支付标准以及是否要重新签订土地出让合同等，这也是当前实践中引起各方面关注的社会问题。

对于第二个问题，《中华人民共和国民法典》第三百四十五条规定"建设用地使用权可以在土地的地表、地上或者地下分别设立"，但如何实现土地的分层确权，即对于地下空间建设用地分层利用在法律上应当如何界定其性质，每层空间是否都认定为独立的宗地，一直困扰着地方相关部门和机构。

2. 集体建设用地使用权

关于集体建设用地流转的概念与内涵，法律尚无明确规定，但普遍认为集体建设用地流转是指农村各类集体经济组织及其他权利主体[1]，在所有权性质不变的前提下，依法将集体建设用地的使用权以出让、出租、转让、抵押、作价出资入股、联营等方式，使其在不同经济实体之间流动的行为。

党的十八届三中全会提出，"在符合规划和用途管制前提下，允许农村集体经营性建设用地出让、租赁、入股，实行与国有土地同等入市、同权同价"[2]，为集体经营性建设用地直接出租或间接进行物业出租等探索模式提供了政策支持。

1990年之后，随着农村社会经济发展特别是乡镇企业结构的调整，沿海发达地区和大城市郊区就出现了很多自发的集体建设用地流转现象。集体建设用地流转与当地的经济发展水平和发展阶段密切相关。经济发达地区的集体建设用地流转普遍呈现范围广、规模大、形式多的特点，而在经济不发达地区，集体建设用地流转则呈现零散分布、规模小、形式少的特点。从区位条件看，涉及集体建设用地流转地区的流转活动主要集中在城市郊区或城乡接合部地区，城市远郊区和农村地区则相对较少。不同区域、不同区位的农村，其集体建设用地流转在实施主体、实施客体、流转方式、流转价格、建设用地使用权权能和收益分配等方面都不尽相同。

2013年，《中共中央关于全面深化改革若干重大问题的决定》再次强调要"建立城乡统一的建设用地市场"，并从流转范围与条件、流转方式与收益分配等多方面全面系统地为今后集体建设用地入市流转指明了方向。2014年12月2日召开的中央全面深

---

① 乡（镇）村、村民小组、各级集体组织及村民和国有企业、民营企业、个体工商户、城市居民。
② 《中共中央关于全面深化改革若干重大问题的决定》（2013年11月12日），中国共产党第十八届中央委员会第三次全体会议通过。

化改革领导小组第七次会议审议了《关于农村土地征收、集体经营性建设用地入市、宅基地制度改革试点工作的意见》。2015 年 2 月，第十二届全国人民代表大会常务委员会第十三次会议审议并通过了国务院关于提请审议《关于授权国务院在北京市大兴区等 33 个试点县（市、区）行政区域暂时调整有关法律规定的决定（草案）》的议案。

截至 2016 年 4 月底，共有 97 宗约 1277 亩农村集体经营性建设用地入市，总价款达 15.7 亿元[①]。可以说，入市改革提高了农村建设用地节约集约利用水平，丰富了集体土地所有权实现形式，增强了农民集体和农民群众的获得感，促进了农村经济一二三产业融合发展。可以预见，随着试点地区经验的逐步积累、提炼梳理以及法律法规的修改完善，未来中国大量隐性的集体建设用地流转将逐步显性化并被纳入依法规范有序的轨道。

集体建设用地流转为繁荣农村经济、增加农民收入发挥了巨大作用，但是在流转过程中还存在一些问题，主要集中在以下几个方面：

（1）农村集体建设用地流转的法律和制度有待完善。部分法律规范之间和部分法律规范自身的矛盾，为集体建设用地流转及其规定的出台带来不小的障碍。

（2）集体建设用地流转主体有待明确，相关规范需细化。法律对于农村土地属于哪一级集体所有，集体行政组织、自治组织和经济组织的范围边界如何确定，集体经济组织属于什么性质等问题有待明确，农村集体土地所有权主体及其代表的地位和界限也有待明确。

（3）流转形式多样，但流转形式和条件有待统一。集体建设用地流转现实探索中存在出让、转让、出租和抵押担保等多种形式。但是，由于目前法律法规对农村集体建设用地流转主体之间的相互关系有待进一步界定，所有权人与使用权人以及不同的使用权人之间的关系不够明确，集体建设用地流转各种形式的定义内涵、实施条件和操作程序也有待厘清。

此外，目前集体建设用地流转的范围也有待统一，有的地方按照城市规划区范围进行区分；有的地方按照是否为新增建设用地进行区分；还有的地方规定只要符合土地利用总体规划即可。同时，作为交易对象的集体建设用地，其来源是否经过合法审批也存在疑问，既有经过审批的合法用地，也有未经批准私自进行农转非的非法用地。

---

① 姜大明. 处理好农民与土地关系，促进"三农"工作健康发展——学习习近平总书记安徽小岗村重要讲话体会［N］. 人民日报，2016-06-08（10）.

（4）流转价格市场化程度较低。由于部分集体建设用地流转处于隐形市场之中，现实中不仅存在流转价格上的随意定价现象，也存在土地与农村集体其他资产等"打包"流转的乱象。这不仅会导致集体土地价值被低估，也造成集体土地资产的大量流失。同时，低成本用地也使用地企业粗放和浪费土地行为增加，不利于土地集约节约利用。部分沿海地区农村集体土地上的工业厂房大多为一层到二层，建筑容积率较低于距离相隔不远的国有建设用地。

（5）流转后集体建设用地的使用期限和用途有待统一。对于流转后的土地用途，不同地区规定也不相同。

（6）集体建设用地金融资产属性有待有效发挥。调研发现，企业对流转的集体建设用地顾虑重重，绝大多数银行不轻易接受集体建设用地的抵押贷款申请，各地普遍存在农村集体建设用地贷款融资渠道不畅的问题。

（7）流转收益分配缺乏规范。部分地区的集体建设用地流转收益在村集体、乡镇和县级政府乃至地市级政府之间如何分配、集体经济组织取得流转收益后其内部成员之间又该如何分配，仍缺少一定的理论依据和统一规范。

三、土地资源资产产权体系改革的思路

党的十八届三中全会以来，中央启动了包括土地制度改革在内的全面深化改革。这一关系亿万农民切身利益的土地制度改革、关系新型城镇化建设进程的重大制度改革，受到了各界广泛的关注。鉴于土地制度改革的重要性，本书认为土地产权体系改革与重构的基本思路应该是：①把土地产权制度改革与重构放在自然资源产权体系改革大背景统筹考虑，而不是传统的"就土地论土地"。既要做到考虑土地资源的利用与监管，也要重视土地资源的强力保护。②必须坚持和完善农村基本经营制度，坚持农村土地集体所有，坚持家庭经营基础性地位，坚持稳定土地承包关系，真正让农民吃上"定心丸"。③完善农村基本经营制度，要顺应农民保留土地承包权、流转土地经营权的意愿，把农民土地承包经营权分为承包权和经营权，实现承包权和经营权分置并行，有利于更好地坚持集体对土地的所有权，更加保障农户对土地的承包权，更好用活土地经营权，推进现代农业发展。④根据经济发展与社会需求，积极探索设立国有农用地使用权、"四荒地"土地使用权、自留地自留山使用权、未利用地使用权等新的土地权利类型，进一步丰富现有的土地产权体系。

第二节　矿产资源资产产权制度研究

矿产资源资产产权制度是基于资源所有权归属及其占有、使用、收益和处分的一系列规定而构成的一个规范系统，由产权界定、确权登记、市场交易、收益分配等一系列具体的制度组成。中华人民共和国成立以来，我国矿产资源产权制度经历三次历史变迁，主要是从行政管理制度向法律制度的变迁，从无偿划拨到有偿使用制度的变迁，从单一资源管控到综合协调管理的变迁，大体经历了完全公有产权阶段、使用权无偿划拨取得和不可交易阶段以及使用权竞争出让、有偿取得与市场流转阶段，逐步形成了国家所有、有偿使用、有序流转、利益共享的矿产资源产权基本制度，这种制度对促进我国矿产资源管理、保障社会经济平稳运行发挥了重要作用。

一、矿产资源资产产权制度现状与成效

（一）矿产资源资产产权体系

我国矿产资源资产产权主要包括矿产资源所有权、使用权和他项权三类，矿产资源所有权属于国家；矿产资源使用权即矿业权，包括探矿权和采矿权；他项权利包括抵押权、出租权等。矿产资源资产产权关系主要分为：一是国家作为矿产资源的所有者与矿业权人之间出让矿业权的关系；二是探矿权人之间的探矿权转让关系；三是采矿权人之间的采矿权转让关系；四是探矿权人与采矿权人的转换关系。

（二）产权制度现状与效果

一是建立了矿业权登记制度，具体包括两种：矿业权抵押和矿产资源储量登记管理制度，这是矿产资源资产管理过程中的基础性工作，该制度的目的是维护国家对矿产资源的所有权，加强矿产储量的动态监管，便于国家了解和掌握全国自然资源状况及其变化，为各级政府的宏观经济决策和矿产资源政策的制定提供现实依据。

二是建立了矿业权审批制度。主要包括探矿权审批（包括新设探矿权审批，探矿权的延续、变更、保留、转让和注销审批，勘查石油天然气等流体矿产试采审批）和采矿权审批（包括划定矿区范围审批，新设采矿权审批，采矿权的延续、变更、转让

和注销审批，矿山地质环境保护与恢复治理方案审批）。总体上，矿业权分级审批制度不断发展，体现了突出抓重要矿种和重点项目的思路，审批权限划分越来越科学合理。

三是矿业权出让制度。经历了从矿业权的不分类出让到分类出让，从矿业权的无偿取得到有偿取得，从仅为行政审批出让方式转向行政审批与市场竞争出让方式相结合，从竞争性出让方式的任意性规定到强制性规定几个阶段。目前形成了以勘查风险分类出让为基本原则的矿业权出让制度体系，出让方式有两种：申请—审批—登记模式和招拍挂—审批—登记模式。

此外，还建立了矿业权转让、有偿使用、矿业权保护、矿业权监督等一系列制度。我国矿产资源资产产权制度体系如图7-1所示。

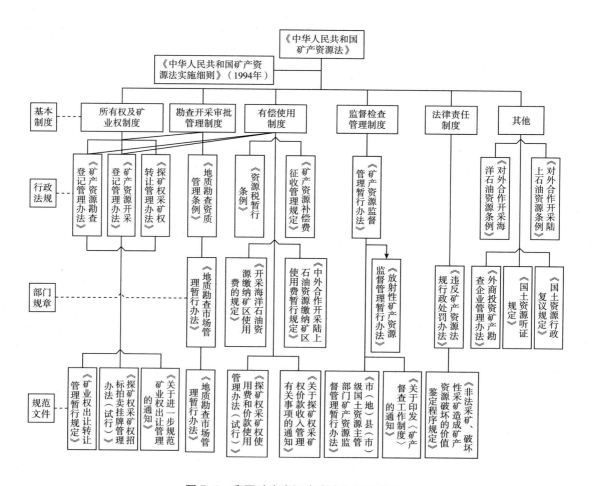

图7-1 我国矿产资源资产产权制度体系

资料来源：笔者自行绘制。

二、矿产资源资产产权制度存在问题

自《中华人民共和国矿产资源法》实施以来，国家矿产资源管理制度不断完善，矿业权管理不断规范。但是，长期以来，我国矿产资源资产管理中存在诸多突出问题，如产权虚化、重置、登记滞后等。主要原因在于以下几个方面：

（一）矿产资源国家所有权落实存在一定难度

我国相关法律规定，矿产资源归国家所有，即全民所有，但现实中矿产资源的国家所有权成为一种抽象而模糊的"代表所有权"，实践中的矿产资源国家所有权具体难落实，存在"产权虚置"的问题，对于矿产资源保护与合理利用极为不利。由于矿产资源的国家所有权无法落实，中央与各级地方政府之间利益博弈激烈、责权利划分较模糊。

（二）矿业权管理的法律制度有待进一步完善

1986 年《中华人民共和国矿产资源法》颁布实施，使我国矿业权管理开始走上法制化轨道。1996 年《中华人民共和国矿产资源法》的修正和 1998 年国务院颁布的《矿产资源勘查区块登记管理办法》《矿产资源开采登记管理办法》《探矿权采矿权转让管理办法》3 个配套法规，为我国矿业权管理制度的建设提供了法律保障。矿法实施以来，依据其有关规定，各级政府管理部门制定了一系列法规规章和规范性文件。经过多年的探索和努力，我国的矿业权管理法制建设取得了一定进展和成效，但是由于其经历的时间还十分短暂，我国矿业权管理仍然存在较多弊端。与此同时，随着《中华人民共和国民法典》的颁布实施，矿业权的财产属性逐步显现，对矿业权的管理提出了新的要求，矿业权管理面临更大挑战。一是矿业权的财产权利保护与行政许可有效衔接较不充分。当前阶段，我国的矿业权制度框架已经完备，政府与市场关系交错过多，但部分地区存在不利于我国矿业权市场的进一步发育和完善的现象，成为制约我国矿业权市场发展的重要因素。将二者整体考虑的制度设计就是如何处理好矿业权财产权利保护与行政审批的关系，即通常所说的矿业权物权与行政许可之间的关系。二是矿业权交易的相关政策法规有待完善。当前，我国矿业权流转的配套制度有待完善，法律法规对矿业权出让、转让、作价入股、出租、融资、抵押、承包等方式的规定有待进一步明确，对于矿业权转让范畴的界定有待规范化。

（三）矿业权设置重叠亟待解决

矿业权属于《中华人民共和国民法典》中规定的用益物权，权利行使受法律保护，

但其行使往往与矿业权设置、林地、草地、地表土地、海域使用权重叠。从整体上看，矿业权与林地、草地、海域使用权分属不同行政部门，并受到相关自然资源法律法规的保护和规制。矿业权设置空间、层位存在重叠（油气与非油气），且矿业权人取得矿业权后，往往需要与林地、草地、地表土地、海域使用权人进行协商和交涉，相互不具有前置性约束条件，缺乏管理机构统一的规划和协调。矿业权与林地、草地、土地和海域使用权界定的困难，导致因各种资源权利协调引发的矿、林、草、地、海域使用权冲突日趋增多。

（四）矿业权登记进展较慢

目前，部分省份的矿业权登记发证仍处在探索之中，进展缓慢，覆盖面偏低，与其他资源发证界限存在交叉，容易造成争议和纠纷。此外，由于登记单元、范围、技术标准、政策依据等各方面原因，矿业权登记远远滞后于其他自然资源，造成矿业权登记对产权人的法律保障功能不能充分显现。部分省份的矿产资源确权登记不足使资源权属不清晰、权责不明确，导致无法形成矿产资源有效监管，产权无法受到有效保护，产权交易也无法开展，价值得不到实现。

（五）矿产资源产权监管需加强

矿产资源所有权、管理权和监管权边界较模糊，产权监管的内容和标准有待明确，实践中，一般由各级政府的行政管理部门行使所有者代表和行政管理权的职能。各级行政机关还同时承担着矿产资源监管职能，机构设置和职能划分有待合理化。矿产资源规划审批、用途管控、开发利用、所有权人和使用权人权利义务关系等重点监管目标有待实现。另外，矿产资源与土地、森林、草原、滩涂、海域等自然资源属于一个整体，但部分地区监管手段和渠道不通畅，分类别、分部门"分割"管理制度易产生监管盲点，缺少联动互助和信息共享机制，所依据的自然资源数据不一致，基础数据不统一，全方位、全流程和动态监管体系也有待建立起来。各资源监管职能部门需提升监管的整体性、协同性、有序性，以弥补监管缺位。

三、矿产资源资产产权制度改革对策建议

基于当前我国矿产资源产权制度管理现状和问题，按照党的十八届三中、四中全会决定以及《生态文明体制改革总体方案》等有关精神，按照归属清晰、权责明确、保护严格、流转顺畅、监管有效的要求，必须加快推进矿产资源产权制度改革，完善矿业权制度体系、健全矿业权交易市场规则、利益分配机制、监管体系等，促进矿产资源可持续的开发和合理利用。

一是按照中共中央、国务院全面深化改革的要求，完善矿产资源资产管理制度改革顶层设计。具体落实《中华人民共和国宪法》规定的矿产资源国家所有权，进一步衔接《中华人民共和国民法典》，完善矿产资源资产产权制度安排。

二是以矿业权制度为核心，完善矿产资源产权制度体系。矿业权是矿产资源法律体系的基石，《中华人民共和国民法典》对矿业权的用益物权属性进行了原则性规定，矿业权管理制度改革应以财产权制度为基础，找好探矿权、采矿权作为用益物权的管理模式与现行探矿权、采矿权管理制度衔接的结合点，设计出矿业权的财产属性与行政许可的关系，充分体现矿业权的财产属性。只有矿业权的财产属性明确，才能更好地维护国家所有者的权益，更加有力地保障矿业权人的合法权益，搞好矿业权的市场建设，提高权利流转效率，实现资源的合理利用与保护。加快完善矿业权市场的相关法律制度。市场经济是法制经济，矿业权市场是全新的社会公共服务平台，离不开相关政策的推动和法律规章的保障。为此，既要充分利用好现有的法律和规章，又要加快与之相配套的系列法规建设。当前要在厘清矿业权财产权利与行政许可关系的基础上，对矿业权申请、出让、转让、变更、延续、抵押、注销等关键环节，特别是当前的股权转让问题，要有针对性地进行梳理和细化，在法律制度上应尽快加以完善，维护交易主体的合法权益，规范交易规则和交易程序，促进交易的顺利推进。完善的市场法律保障体系必将有力地推动矿业权市场的健康发展。

三是强化矿产资源勘查开发监管。充分利用"天上看、网上管、地上查"等多元化监管手段，强化执法队伍建设，维护良好的勘查开发秩序。建立矿业权公开查询制度，逐步实现矿业权精细化管理。规范矿业权交易行为，促进矿业权市场健康有序、高效运转，出台矿业权网上交易规则等。逐级明确责任，发挥好各级地方政府的积极性。推广矿业权合同管理。建立监管员制度，对所有的勘查区块、开采矿山，实行持证上岗，挂牌作业，任务到人，责任到人。同时，加强矿产勘查开发日常监管和年度检查，对违法违规勘查开采行为予以纠正和处罚，对于违规生产的矿业权人实行黑名单制度。健全和完善矿山地质环境保护与治理恢复机制，积极倡导矿山绿色、和谐发展。

第三节 水资源资产产权制度研究

我国水资源时空分布不均，不少地区水资源供需矛盾突出，同时，水资源开发利用方式较粗放，用水效率不高。水资源产权制度是现代水资源管理的有效制度，是市场经济条件下科学高效配置水资源的重要途径。

一、水资源的特殊性与产权制度建设的主要成效

（一）水资源的特殊性

与土地、矿产、森林、草原等自然资源不同，水资源具有明显的特殊性。这些特殊性主要体现在：

第一，流动与随机性。与土地、矿产、森林、草原等自然资源具有空间上的固定性和数量上的确定性不同，水资源具有流动性、随机性，这种特性使人们对水资源属于动产还是不动产存在认识上的分歧；在水资源确权、交易时，还需要统筹上下游、左右岸、相关区域的利益。

第二，多功能及不同功能间的不完全排他性。与土地、矿产、森林等自然资源在确定时段内具有用途和功能的唯一性不同，水资源具有用途与功能的多样性和不完全排他性。水资源可同时具备供水、发电、航运、渔业、湿地、生态、旅游、纳污等多种用途。水资源的多功能性以及不同功能间的不完全排他性，决定了将其实施用途管制时的复杂性。

第三，利害双重性。与土地、矿产、森林、草原等自然资源不同，水资源具有利害双重性。短时间内降水过多容易造成洪水泛滥，内涝渍水；降水过少容易造成干旱、盐渍化等自然灾害。

第四，与作为载体的河湖水域空间具有不可分割性。水资源与作为载体的河道、湖泊、水库等河湖水域空间具有不可分割性，水资源与河湖水域空间的不可分割性决定了水资源产权与土地、水利工程、砂石资源、航运、渔业、河湖岸线等各种相关资源的权属之间存在紧密联系，各种相关资源的使用权之间在时空上存在重叠和交叉，

增加了水资源产权制度和体制建设的复杂性。

第五，可再生性与有限性。与土地、矿产等自然资源不同，水资源随着水循环系统不断更新，具有可再生性。但是在一定的时间和空间范围内，大气降水和水资源的补给却是有限的，地表水、浅层地下水、深层地下水等的循环更新周期不同。如果用水量超过水更新的速度，将导致资源型缺水；如果水资源受到污染，将导致水质型缺水，因此在一定条件下水资源是有限的。水资源的可再生性和有限性决定了水资源评价时的不确定性和复杂性。

（二）水资源资产产权制度的主要进展

第一，开展水流产权确权试点。按照中共中央、国务院印发的《生态文明体制改革总体方案》和全面深化改革工作部署，各地开展水流产权确权试点，遵循水生态系统性、整体性原则，分清水资源所有权、使用权及使用量。

第二，完善水资源有偿使用制度。综合考虑当地水资源禀赋状况、经济发展水平、社会承受能力以及不同产业取用水的差别特点，区分地表水和地下水，支持低消耗用水，鼓励回收利用水，限制超量取用水，合理调整水资源费的征收标准。

第三，鼓励开展水权交易。在水资源确权的基础上，国家鼓励和引导地区间、用水户间开展水权交易，探索多种形式的水权流转方式，积极培育水资产市场。建立了水权交易监管体系，发挥政府在用途管制和水市场监管方面的作用，明确市场准入、风险防控、用途管制要求。

（三）取得的成效

第一，积极探索了不同类型的确权。宁夏、江西、湖北、河南、内蒙古、甘肃、广东等水权制度改革试点地区探索了区域和取用水户两个层面的确权。在区域层面，主要通过分解区域用水总量控制指标和制定江河水量分配方案，明确区域取用水权益。例如，宁夏将区域用水总量控制指标分解到各市、县，逐级确认区域取用水权益；河南将南水北调中线水量指标分解到相关市县。在取用水户层面，有两种类型：一是对纳入取水许可的取用水户，根据《取水许可和水资源费征收管理条例》，由水行政主管部门发放取水许可证，明确取水权。二是对灌区内农业用水户，由地方政府或授权水行政主管部门发放水权证，因地制宜地将水权明确到农村集体经济组织、农民用水合作组织、农户等。例如，甘肃将灌区用水指标细化分解到各斗渠，将水权确权给各用水户协会；河北以地下水可开采量为依据，将水权确权给农户。

第二，形成了多种行之有效的水权交易模式。在区域间水权交易方面，内蒙古巴彦淖尔已与鄂尔多斯、阿拉善盟开展了水权交易，内蒙古自治区成立了水权收储交易中心，与多家用水企业签订了交易合同。在跨流域水量交易方面，河南依托南水北调工程，开展了新密市与平顶山市、南阳与登封市、南阳与新郑市间的三宗水量交易。在行业间和用水户间水权交易方面，甘肃武威市凉州区开展了农户间水权交易。在流域上下游间的水权交易方面，广东东江流域上游惠州等地将节约水量有偿转让给下游的广州、深圳，目前惠州和广州已初步达成交易意向；山西、河北和北京开展了永定河上下游水量交易。此外，部分地区还探索开展了政府集中回购（或收储）水权后再向市场释放的交易模式。

第三，积极开展了水权制度建设。中华人民共和国水利部出台了《水权交易管理暂行办法》，明确了水权交易的类型和规则；印发了《加强水资源用途管制的指导意见》，明确了水资源用途管制的主要任务和措施。有关地区出台了制度办法，如内蒙古、广东分别出台了《内蒙古自治区水权交易管理办法》《广东省水权交易管理试行办法》；河南出台了《河南省南水北调取用水结余指标处置管理办法（试行）》；湖北宜都市出台了《宜都市农村集体水权确权登记办法（试行）》。这些办法的出台为水权试点工作提供了重要制度保障。

第四，加快水权交易平台建设。2016年6月中国水权交易所正式挂牌成立。截至2020年，累计成交253单交易，总成交水量超30亿立方米，总成交金额超20亿元[①]。此外，内蒙古、河南先后成立水权收储转让中心，新疆玛纳斯县成立塔西河灌区水权交易中心，为推进水权交易搭建了平台。

二、水资源资产产权制度的问题分析

（一）水资源资产功能有待充分发挥

我国采用的是一元制的水资源所有权制度，水资源所有权的唯一主体是国家。从有关省份试点情况看，受自然条件影响，水资源确权存在风险，尤其是在缺水地区实行"丰增枯减"的水量调度政策，农户拿到的水权证得不到充足的水源保障，在枯水期实际用水量将低于水资源分配指标，造成了使用权能受限，而现有的水资源资产产

---

① 周杰俣.2020年我国水权交易市场进展情况和政策建议［EB/OL］. https://www.bilibili.com/read/cv11527424.

权体系中，使用权的转让受到一定限制，其抵押、担保、入股等资产功能不能发挥，占有、使用、收益及处分等权利的归属尚不明朗，制约了水资源的资产属性发挥作用。同时，水资源资产的定价机制也有待完善，部分地区完全由交易双方自主定价，缺乏科学的价格形成机制，价格形成缺乏法律和政策依据，不能完全体现市场供求关系和水资源稀缺程度。

（二）水资源的生态价值有待完全实现

水资源产权是在地方政府主导的基础上实现分配，并发挥其作用，从而实现经济效益、生态效益和社会效益的。然而，在现有产权设置体系中，水资源的配置并不完全是基于市场准则，水资源的开发利用、经营管理难以形成有效统一。部分地区地方政府出于自身利益考虑，力争实现自身利益最大化，因此在水资源开发利用过程中形成了片面追求经济价值的冲动，导致水资源的生态价值和社会价值被忽视，造成水污染问题愈发严重。

水资源是一种特殊类型的资产，不仅给人们带来经济利益，满足生产生活所必需，而且具有重大的生态效益。有效保障水资源产权的良好运行，降低产权利用效率与资源资产效率的不协同性，对水资源的有序开发利用具有重大影响。流域水资源产权必须体现出社会效益、环境效益与经济效益的完整统一，理应同等对待。但是，当前对水资源的环境效益与经济效益、社会效益的完整统一并没有给予充分关注，部分地区地方政府过度注重开发水资源的经济效益，忽视了其社会效益和环境效益，其结果是水环境质量和水功能的下降。而流域整体水环境质量的降低反过来又缩短了双效率的周期性波动，造成产权效率步入恶性循环。

（三）水资源产权管理交叉仍然存在

虽然 2018 年我国国家机构进行了调整，但目前涉及水资源的管理部门还较多，至少包括自然资源部、生态环境部等部门，这种调整较之以往有了很大的科学性，但各个管理部门之间仍然存在权力交叉问题。

三、水资源资产产权制度建设的路径

（一）加强水资源的资产管理

首先，在中央层面，统筹协调各种自然资源和环境管理部门的管理目标、要求和措施，体现各部门专业管理优势和资源环境统一管理要求的有机结合，来加强自然资源的用途管制和空间管理的有效衔接。在地方层面,参照中央的体制设计,安排水资源资产管理和水资源监督管理职责。

其次,合理划分中央跟省级水资源产权管理的权责,在中央政府统一指导和监督下赋予省级人民政府部分所有权人职责。中央政府主要承担水资源的宏观调配、水资源的规划、确定省级行政区的用总量、对它实行监控以及开展重要江河水量分配、明确省级行政区域生态用水管理目标、要求和权责,并且对省级行政区域的管理进行指导监督、审计评估、考核等职能。对于行政区域内的生态用水,省级行政区域在中央政府的指导和监督之下,实施划定保护区和管理红线的制度、开展日常管理和相关行政执法等具体管理措施。

最后,健全流域综合管理体制机制。水资源跟其他的资源不一样,其是以流域为单元的。以流域为单元进行综合管理,也是现在世界上普遍的一个做法。必须强化统一规划管理,在多规合一背景下,按流域进行统一规划、统一管理。

（二）构建完善的水资源产权体系

一是主体体系。以主体为标准,设置国家水权、法人水权、自然人水权。国家为主体的水权应该包括:水之财产权(公共水资源的所有权)、水之分配管理权(公共水资源的规划分配权、水的管理权等)。以法人与自然人为主体的水权,应该包括特定水的财产权(如购买的自来水、矿泉水)、公共水之使用权(对公共水直接利用的权利,包括饮用、洗涤等)、水之开发利用权(利用水创造其他附加价值,包括水产品养殖、水生态旅游、开拓航道提供通行、废水治理利用等)。

二是内容体系。包括围绕“水”这一客体产生的包括水之物权在内的各类权利,主要有三大类:水之民事权利、水之行政管理权、水之环境权。水之民事权利是指水之财产权,其包括水之物权项下的水之所有权(国家对公共水的所有权;自然人、法人对特定水的所有权)、水之用益物权(取水权、排水权、航道通行权等)、水之担保物权(用水的所有权或用益物权设置的抵押权等)。水之行政管理权是指国家职能部门依法对各类水规划、开发、调配、管理等方面的职权,包括水之规划权、水之开发权、水之调配权、水之管理权等。水之环境权则是指保护水源、预防水污染、使用清洁水等方面的权利。

（三）建立现代水资源产权市场

实行水资源有偿使用、有限期使用制度,按法律规定的一定方式在一定范围内实行水资源有偿使用。水资源有偿使用则是一项重要的、基本的原则，只有实行水资源有偿使用，作为重要生产资料和社会商品的水资源才可能按照市场法则得到最佳利用，才可能形成良性循环的水资源市场。

构建政企分开、市场手段与行政监督相结合的水资源市场管理体制。坚持全面规划、统一监管，正确处理国家、集体、个人、不同流域区域、上下游、左右岸和所有用水户的利益。在不同用水发生矛盾或冲突时，按照事先用科学方法确定的水资源规划和用水优先顺序，优先保障基本生活用水、安全用水和其他重要用水，兼顾其他用水。

建立水资源产权市场运行机制，明确国有水资源使用权出让、转让的一般条件和程序。积极开展水资源的监测、评估和统计，查清我国水资源供需的基本情况和可以开发利用的潜力，有计划、有步骤、有重点地推进国有水资源使用权流动。

第四节 森林资源资产产权制度研究

根据第八次全国森林资源清查结果，全国森林面积 2.08 亿公顷，森林覆盖率达 21.63%。活立木总蓄积达 164.33 亿立方米，森林蓄积达 151.37 亿立方米。其中，国有林地达 12416 万公顷，占全国林地面积的 39.99%，国有森林蓄积达 93.54 亿立方米，占全国森林蓄积的 63.29%①。本书提到的森林资源特指森林、林木、林地，国有森林资源资产包括国务院确定的重点国有林区、国有林业局和地方国有林场等国有林业单位所管辖范围内的森林、林木和林地、建设用地及其他土地资产。

一、森林资源资产权利体系

（一）林权

关于森林资源产权所指的权利类型，经常提到的一个词是"林权"。林权在林业管理中是一个普遍使用的概念，但是对林权的定义学界一直众说纷纭，莫衷一是。从我国现行立法来看，《中华人民共和国森林法》第三条规定："森林、林木、林地的所有

---

① 国家林业局. 第八次全国森林资源清查结果［J］. 林业资源管理，2014（1）：1-2.

者和使用者的合法权益，受法律保护，任何单位和个人不得侵犯"。从法律概念上来讲，林权是指权利主体依法享有的对森林、林木和林地的所有权或使用权，是权利人对林木和林地拥有的一种财产上的权利，属于不动产物权。其中，"森林和林木"是在立法与行政管理中普遍连在一起使用的名词，从物权的角度来说，并没有区分森林权与林木权，"森林和林木"实际上是指林木的权属。

（二）森林资源所有权

1. 林地所有权

林地资源的所有权按权利主体不同，分为国家所有和农民集体所有。对国家所有的森林资源由谁代表国家行使所有权这一问题，法律没有明确的规定，一般认为是各级人民政府分级代表国家行使所有权。2015年，中共中央、国务院印发的《国有林区改革指导意见》中提出，"重点国有林区森林资源产权归国家所有即全民所有，国务院林业行政主管部门代表国家行使所有权、履行出资人职责，负责管理重点国有林区的国有森林资源和森林资源资产产权变动的审批"。

关于集体所有的森林资源，《农村土地承包法》第十三条规定："农民集体所有的土地依法属于村农民集体所有的，由村集体经济组织或者村民委员会发包；已经分别属于村内两个以上农村集体经济组织的农民集体所有的，由村内各该农村集体经济组织或者村民小组发包。"集体所有的森林资源，其所有权行使主体应是指集体经济组织、村民委员会、村民小组。

2. 林木所有权

与林地不同，林木存在私人所有的情况。国有林业经营单位经营的林木所有权归国家所有，集体统一经营的林地由集体享有林木所有权。大量承包到户的集体林是由依法承包的农户享有林木所有权的。此外，单位或个人因租用林地也对林地租赁期内的林木享有所有权。

（三）森林资源用益物权

无论是国有林地还是集体林地，都是通过使用权的授予来实现林地利用目的。国家所有的林地可以依法确定给国有单位和集体单位以及个人使用、经营。集体所有的林地可以承包到农户或者通过其他方式承包确定给集体经济组织以外的单位或个人使用。根据"物权法定"的原则，目前法律规定的森林资源的用益物权主要包括以下几种：

1. 国有林地使用权

对于国家所有的林地，由国家设立国有林业局、国有林场等使用，通过登记确认国有林地使用权。除此之外，国有农场等单位也依法对其经营范围内的国有林地享有使用权。

2018年机构改革之前，东北、内蒙古国有重点林区，包括黑龙江省森林工业总局、大兴安岭林业集团公司、原吉林省林业厅、原内蒙古大兴安岭林业管理局四个单位所属的87个国有林业局以及其他国有林业单位的经营范围。

2. 林地承包经营权

农户对家庭承包方式取得的林地，农户或其他单位、个人对其他方式承包取得的林地享有林地承包经营权，承包期最长可以为70年。

3. 集体林地使用权

对于历史上分给农民长期使用的自留山等，使用该自留山的农民享有集体林地使用权，使用期限为长期。

4. 林木使用权

主要是针对国有林地使用权人而言的，《中华人民共和国民法典》在用益物权一章的第三百二十四条规定："国家所有或者国家所有由集体使用以及法律规定属于集体所有的自然资源，组织、个人依法可以占有、使用和收益"，此为森林、林木使用权的法律依据。国有森林资源归国家所有，对依法经营国有森林、林木的单位，只能登记确认其森林、林木使用权。

二、森林资源产权流转与森林资源有偿使用

由于规范森林资源流转的法律制度非常薄弱，缺乏操作性的规定，原中华人民共和国国家林业局从严格保护国有森林资源的角度出发，先后下发了《国家林业局关于进一步加强和规范林权登记发证管理工作的通知》（林资发〔2007〕33号）、《国家林业局关于进一步加强森林资源管理促进和保障集体林权制度改革的通知》（林资发〔2007〕252号）、《国家林业局关于加强国有林场森林资源管理保障国有林场改革顺利进行的意见》（林场发〔2012〕264号），明确规定"国有森林资源的流转，在国务院未制定颁布森林、林木和林地使用权流转的具体办法之前，受让方申请林权登记的，暂不予以登记"；"各类国有森林资源在国家没有出台流转办法前，一律不准流转"；

"严禁国有林场森林资源流转"。

在森林资源有偿使用的具体项目上，各地有较大区别。以浙江省为例，出租主要用于苗木种植、林下养殖、森林旅游等；转让主要用于旅游开发；作价出资（入股）主要有合作造林和共同组建公司开展森林旅游等。湖北省则是出租主要用于林下养殖、生态农业、旅游休闲、速丰林建设等；作价出资（入股）主要有合作造林、共建创业基地等；有偿转让主要用于修路等基础设施建设工程征用、矿产开发等。

林场职工以内部承包方式使用国有森林资源主要包括三种情况：一是部分林场经济不景气，以分配"工资田"模式对职工分流安置，职工承包经营林地，无须缴纳任何费用，林场不再发放工资；二是部分林场将林场、苗圃部分林地交职工缴费承包经营，以此补助生活，其经营范围主要有苗木生产、林下养殖等；三是林场将集体不便管理、适合个人经营的发展项目，交职工缴费承包经营，承包费从 10～300 元/亩/年不等。

集体森林资源流转方面，国家放活对集体林地的流转。但是由于流转并非明确的法律用语，实践中的林权流转必须选用某种法定的方式。党的十八届三中全会以来，国家提出完善农村土地所有权、承包权、经营权分置，放活土地经营权，对于经营权是债券还是物权，法律尚未明确，这直接关系到经营权的流转是否发生物权变动的效力问题。

三、森林资源资产产权制度的主要问题

森林资源资产产权制度存在的问题主要是行使国有森林资源资产所有权的范围不明确、产权流转制度缺失、相关配套措施不健全等。结合目前正在开展的国有森林资源有偿使用制度改革以及国有林区改革，集中在四个问题上：

（一）森林景观资源的物权属性问题

森林景观是指以森林群落为主，与地球表面气候、土壤、地貌、生物各种成分共同形成的综合体，能够独立表现为客观世界的特定形象信息，反映到人的主观世界中来，为人们所观看、欣赏。在《中国森林公园风景资源质量等级评定》国标（GB/T18005-1999）中，对森林风景资源的定义为"森林资源及其环境要素中能对旅游者产生吸引力，可以为旅游业所开发利用，并可产生相应的社会效益、经济效益和环境效益的各种物质和因子"。当森林资源具备了游览、观光、休闲等价值的时候，便形成了

森林景观资源。

目前，法律上并没有将森林景观资源规定为一项物权。在森林资源有偿使用的实践中，特别是森林旅游项目开发过程中，以国有林业经营单位为代表的部分森林资源使用权人提出可以在不改变森林、林木、林地权属的前提下，以森林景观资源使用权作为出资与投资者开展合作。森林景观资源能否独立于森林、林木、林地而单独作为"物"而存在？森林景观资源是否具有物权属性？可否量化为金钱价值？能否将森林景观使用权作为一项独立的物权？

作为物权客体的"物"应当具备以下几种属性：一是特定性、独立性和可直接支配性，即物能依法律、交易或社会观念上的标准区别为可以识别的独立单元；二是有用性和收益性，即物可以满足人们生活或生产上的需要；三是实在性与确定性，即物已存在并可以量化为一定金钱价值。从上述标准来看，森林景观资源既可以满足人类观赏的需要，也可以量化为一定的金钱价值，但其必须依托森林、林木和林地而发展形成，以传统意义上的森林资源为基础，对森林景观资源的支配和使用需体现在森林经营中，缺乏独立性与可直接支配性。因此，本书认为，森林景观资源可以在森林资源有偿使用中量化为森林资源权利人的出资，提高其所依托的森林、林木、林地产权价值，但并不具备完整的物权属性，不能作为森林资源产权类型。

（二）国有林场（区）建设用地有偿使用问题

国有林场（区）建设用地包括重点国有林区的国有林业局和地方国有林场在内的各国有林业经营单位的经营范围，不仅包含林地及其地上的林木资源，也存在一定数量满足林业生产、职工生活需求的建设用地。这些建设用地很多都是随着林业经营单位的设立和发展而逐渐形成的，并没有办理过使用林地许可和林地转为建设用地手续。开展国有森林资源资产有偿使用，如发展森林旅游设施及餐饮住宿停车等配套设施，也会遇到需要使用建设用地的问题。对于合法化的建设用地，可以参照国有企业改制土地资产处置相关规定，可以保留划拨方式，也可以依法进行有偿处置，通过有偿处置方式取得的国有建设用地使用权，允许国有林业经营单位开展有偿使用。

（三）国有林地的全面登记问题

按照《中华人民共和国民法典》第二章第一节第二百零九条的规定，"依法属于国家所有的自然资源，所有权可以不登记"。一直以来，我国对包括林地在内的各类国有土地没有开展过全覆盖式的产权登记。相对而言，国有林地确权登记工作开展较为完整，这与我国国有森林资源多数由国家设立林业经营单位开展经营管理的模式是分不开的，尽管如此，各地仍存在着一些未予登记的国有林地，一部分是因为存在林权纠纷而无法登记；另一部分则是因为存在未确定具体使用权人的国有森林资源，此类林地因缺乏管理，又未开展权属登记，边界越发模糊。因此，要认真研究各个历史时期关于包括林地在内的各类土地确权文件，以自然资源统一确权登记为契机，实事求是地开展国有林地确权登记发证"全覆盖"，切实维护国有森林资源所有权人的权益。

四、国有森林资源资产产权制度改革思路与对策

国有森林资源资产产权制度改革的核心思路是建立并完善国有森林资源资产有偿使用制度。

（一）明确允许开展国有森林资源资产有偿使用的范围和事项

对自然保护区核心区、缓冲区和生态环境敏感脆弱区域的国有森林资源实行严格保护，禁止开发利用。对国家级公益林、国家公园、自然保护区、世界文化自然遗产、风景名胜区、森林公园、国家湿地公园、国家沙漠公园的国有森林资源资产和其他土地资产，开发项目只能限于生态景观的观光旅游等，不得开发宾馆等商住型永久性建设项目。重点探索开发森林旅游、森林科普、森林体验等项目，禁止污染性项目使用国有森林资源资产。

（二）分别规范各类国有森林资源资产的有偿使用方式

国有林地及其森林景观可以通过租赁、作价出资、特许经营等方式进行有偿使用。对投资开发中需要使用建设用地的，鼓励通过租赁方式使用国有林场（区）现有建设用地；对国有林业经营单位已通过有偿处置方式取得的国有建设用地使用权，允许采取作价出资（入股）方式进行有偿使用。林场（区）内的其他农用地，优先出租给内部职工开展经营活动。

（三）合理划分中央与地方行使国有森林资源资产所有权的权限范围

东北、内蒙古重点国有林区国有森林资源资产及其他土地资产有偿使用须经国务院林业主管部门审批，其他国有森林资源资产及其他土地资产有偿使用须经省级林业主管部门审批。

（四）健全国有森林资源资产有偿使用配套制度

研究制定森林及其景观资产评估方法和林地评估定价标准，逐步制定国有森林资

源资产有偿使用应纳入国家公共资源交易平台事项清单，确保有偿使用过程中的公开性和透明性。对国有森林资源资产有偿使用收益由国有林业经营单位专户存储，按照收支两条线制度实行支出管理，强化审计监督，杜绝违规使用。

第五节　草原资源资产产权制度研究

作为重要的自然资源，草原在发挥生态系统服务功能、保障国家食物安全、维护社会和谐稳定等方面，均有十分重要的作用。

一、草地资源资产产权现状

（一）草地资源产权的法律界定

我国草原既有国家所有草原，又有集体所有草原。《中华人民共和国宪法》《中华人民共和国土地管理法》和《中华人民共和国草原法》等法律对草原所有权都做出了规定。《中华人民共和国宪法》规定草原等自然资源属于国家所有，由法律规定属于集体所有的草原除外。《中华人民共和国草原法》第九条明确规定："草原属于国家所有，由法律规定属于集体所有的除外。国家所有的草原，由国务院代表国家行使所有权。任何单位或者个人不得侵占、买卖或者以其他形式非法转让草原。"

内蒙古、新疆、黑龙江、吉林等省份的地方性法规对草原所有权作出了规定。《内蒙古自治区草原管理条例》规定"自治区行政区域内的草原，属于国家所有和集体所有""牧区、农村集体经济组织使用的草原属于集体所有，但依法使用国家所有的草原除外"。《黑龙江省杜尔伯特蒙古族自治县草原管理条例》规定，"自治县境内由国家划给国有企业、事业机关、部队等单位使用的草原为国家所有，乡（镇）、村使用的草原为集体所有"。《吉林省草原管理条例》规定，"草原属于国家所有，即全民所有。由法律规定属于集体所有和县级以上人民政府根据国家、省有关规定已划归集体经济组织的村屯附近和插花在耕地中间的零星草地、草坡、草山除外"。

（二）全国草原所有权情况

本书对内蒙古、青海、甘肃、四川、云南等省份和新疆生产建设兵团的草原所有权形式进行了调查，调查涉及的草原总面积为35.6亿亩，集体所有草原面积为13.8亿亩，占调查区草原总面积的38.76%，集体所有草原主要为内蒙古草原，占集体所有草原的77.4%。国家所有草原为21.8亿亩，占调查区草原总面积的61.24%，在国家所有草原中，集体经济组织取得使用权的草原最多，为16.9亿亩，占调查草原总面积的47.47%，占国有草原的77.5%，未落实使用权和全民所有单位取得使用权的国有草原分别为2.1亿亩和2.0亿亩。调查区草原所有权情况如有7-1所示。

表7-1　调查区草原所有权情况

	面积（亿亩）	占调查总面积的比重（%）
集体所有草原	13.8	38.76
已落实所有权的集体所有草原	12.5	35.11
未落实所有权的集体所有草原	1.2	3.37
国家所有草原	21.8	61.24
全民所有单位取得使用权的草原	2.0	5.62
集体经济组织取得使用权的草原	16.9	47.47
自然保护区（含国家公园）取得使用权的草原	0.3	0.84
其他形式落实使用权的草原	0.5	1.40
未落实使用权的草原	2.1	5.90
集体所有草原与国家所有草原面积合计	35.6	100.0

资料来源：笔者根据相关资料整理得出。

集体草原基本上参照耕地家庭承包方式落实承包经营制度，在承包方式上，集体经济组织取得使用权的国有草原与集体草原没有本质区别，即调查区内大部分草原实际上由农牧民承包经营，使用权属明确。

二、草原承包经营与确权承包

（一）草原承包经营

草原承包经营制是我国农牧区基本经营制度的重要组成部分，是党在农牧区政策的基石。我国草原承包经营大体经历了四个历史阶段：

第一阶段为探索试点阶段。始于 20 世纪 80 年代初，实行"草畜双承包"责任制。即牲畜被承包到户。在此基础上，草原畜牧业有了较大发展，但在市场和牲畜私有化双重作用下，北方草原载畜量迅速上升，对草原开发利用不断深入，草原退化日益严重，草场超载过牧使草原环境日益恶化。20 世纪 80 年代末，针对"草畜双承包"推行后部分牧区实施效果不理想问题，开始推行以户、联户等多种形式的第 2 轮草牧场承包，即草牧场有偿使用联产承包，使用者承担保护建设草原的责任，同时其权益也受法律保护。

第二阶段为发展实施阶段。始于 20 世纪 90 年代初，实行"草原承包经营"制度。即草场公有、承包经营的制度。希望通过草场承包方式，达到产权清晰的目的，以避免草原"公地悲剧"的结果。

第三阶段为规范提高阶段。始于 20 世纪 90 年代末，实行以"双权一制"（所有权、使用权、绿色经营责任制）为主要内容的草场承包经营制度。即落实草牧场所有权、使用权，实施草牧场有偿使用家庭联产承包责任制，并为牧户发放草场使用权证书。该种经营制度使牧民开始重视草场的保护与建设，进而解决制度安排不合理引起的草场退化问题。

第四阶段为制度完善阶段。始于 21 世纪初，推行草原放牧权家庭承包制，即将目前的草原家庭承包和草畜平衡管理相结合的一种交易成本最低的管理体制。该制度允许利用者有充分灵活性，在草原放牧权家庭承包的基础上合作共同经营草原。

前两个阶段的主要目的是提高草原产出，进入第三阶段逐步转向保护草原生态环境，提升草原地区可持续发展能力，第四阶段则注重稳定和完善草原承包经营制度，强化草原监管法律体系，推进草原承包和草畜平衡的共同良性发展。

从承包主体看，草原承包经营实行以家庭承包为主，以联户或自然村承包为辅。其中，家庭承包是主要形式，占草原承包面积的 75% 以上。少数采取畜牧综合站承包、家庭牧场承包、放牧员承包、治理性承包，以及竞价承包等形式。

从承包客体看，草原的割草基地、冬春草场以家庭承包经营为主；夏秋草场以联户承包为主，村集体经济组织预留的调剂或抗灾使用的草场则以集体承包为主。

（二）草原确权承包

草原确权承包主要是在牧区草原"双权一制"落实的基础上，进一步完善确权承包工作，稳定现有草原承包关系，建立数字化、信息化、规范化的草原确权承包管理模式，构建安全的、管理科学的草原承包经营运行机制。

2015 年，中华人民共和国农业部印发《关于开展草原确权承包登记试点的通知》，要求地方稳定和完善草原承包经营制度，积极稳妥开展草原确权承包登记试点，在内蒙古、青海等地开展草原承包经营权确权登记颁证试点。

三、草原资源资产管理的突出问题

（一）草原家庭承包责任制落实效果有待提升

已经落实承包制的草原中，部分存在承包不彻底、落实不到户的问题。即没有签订与农牧户的承包合同，没有明确农牧户承包草原的面积和具体位置。存在承包不公问题，有的草原只被少数人所承包经营，大部分农牧民失去了公平承包草原的机会，由此带来不少社会问题。

（二）草原权属边界有待明确

部分草原面积较大，围栏建设滞后，使承包的草原界限不明晰，客观上给草原承包到户和合理利用造成困难。近些年，省际草原边界纠纷，以及省内县际和乡村之间的草原边界纠纷问题较为突出，对草原承包产生负面影响。此外，草原使用证和草原承包证的同时使用，也造成草原使用的纠纷，特别是跨区放牧引起的纠纷较大。

（三）草场承包有待规范化

部分草原工作中发包主体较多，权责不明；草原承包合同没有统一格式和固定内容，合同内容缺乏必要的约束条款；发包时未进行实地测量，草原面积、位置不准确；承包合同变更、解除时，未在有关部门登记等。一些地方为了争取林业项目资金，在已承包的草原上实施林业项目，并由林业部门发放林权证，造成"一地双证"，加剧了林草矛盾，损害了农牧民的承包经营权。

（四）草场保护和补偿机制有待健全

随着资源开发、工程建设、牧民定居和旅游热的兴起等，草原征占用现象明显增加，部分草场在转让后用于旅游开发或种植农作物、树苗，改变了使用用途；对一些完全转移出牧区的牧民承包草原的处置没有统一规定，有的允许牧民出租，有的收回集体重新承包；资源开采、工程建设等开垦或占用草场补偿标准偏低，损害牧民利益。

（五）基层草原监管体系有待加强

草原监理体系的建设对维护草原生态至关重要。然而，我国部分草原牧区县乡级草原监理体系尚不健全，特别是乡村两级基本没有相关监理机构和人员，致使草原保护利用、承包经营与流转信息沟通不畅，不仅削弱了草原承包经营管理的工作力度，也加大了草原执法和纠纷调解的难度。

四、草原资源资产产权制度优化的对策

一是加快建立完善草原监理监测的长效机制，草原承包责任制能否落实并发挥持续作用，不仅要有切实可行、牧民认可的推行方法和措施，更重要的是必须建立起持续维护和监管的长效机制。进一步完善草原法律法规，明确草原使用、经营、流转、监管的"责、权、利"。建立健全草原执法监管体系，提升草原执法权威，将草原行政执法延伸到乡、村。

二是进一步加大草原保护建设与管理的分类制度。研究制定更加切合草地管理实际和牧民愿望的政策措施和指导方案，明确草原所有权、使用权和管理权。以村为基本单位划定草原面积，切实发挥村级组织对草原保护、使用、建设和管理的主体作用，在村的草原面积内，能够将地块和面积明确到户的把经营权落实到户，对难以将地块和面积落实到户的，将面积承包到户，或将地块和面积落实到联户，明确每户牧户草场面积（股权到户）。

三是在分级代理行使所有权方面，明确各类草原的管理。重点生态功能区、生态环境敏感区和脆弱区等区域划定生态保护红线，生态红线范围内的草场由中央行使审批权。国有牧场的草原所有权属于市州级管理的由市州行使所有权、属于县级管辖的就由县级行使审批权。

四是尽快开展草地资源清查工作，摸清家底。目前，不少省份正在制定或已经制订了草地资源清查工作方案，建立专门机构，拟在草原、国土等部门历史调查资料基础上，以遥感、地理信息系统、数据库等信息化手段为主，结合地面调查、入户访问等手段，客观、规范、快速、全覆盖地获取草地资源实体分布、数量质量、生态及利用状况信息，完成草地资源清查工作。同时完成草地资源承载力监测预警、草地资源资产负债表编制、生态保护红线划定等任务。提高草原精细化管理及生产水平，为落实强农惠农政策、严格依法治草和全面深化草原生态文明体制改革提供数据支撑。

五是开展草原确权和加强协同管理工作。首先，根据各地实际情况，各地政府适时开展草地确权工作。其次，加强与国土、林业等部门协作，共同厘清边界，共同管理自然资源。最后，着力开展草原执法，促进草地合理合法利用。通过指导草原保护与建设项目，查处破坏草原的违法案件，恢复天然草原植被。通过建设草原围栏，实施划区轮牧、休牧封育，治虫灭鼠，保护基本草原；设立固定或非固定的草原生态重点监测观察点，初步形成草原生态监测网络体系。

第六节　无居民海岛产权制度研究

在我国管辖海域中，散布着多个海岛，这些海岛不仅是众多物种栖息繁衍和迁徙中转的场所，也是我国经济社会发展的重要战略空间，还是捍卫国家权益、保障国防安全的战略前沿。无居民海岛及其周边海域蕴藏着旅游资源、土地资源、生物资源、森林资源、港址资源、矿产资源、海洋化学资源、滩涂资源、淡水资源和可再生能源等，是自然资源资产的重要组成部分。

一、无居民海岛资源特性

无居民海岛是全民所有自然资源资产的重要组成部分，无居民海岛资源是指存在于无居民海岛陆域及其周边海域的自然界中能被人类利用作为生产、生活原材料的自然物质和能量，包括岛陆、岛基、岛滩和环岛海域所组成的生态地域系统中所蕴藏的土地资源、旅游资源、海洋生物资源、陆地生物资源、森林资源、港口资源、矿产海盐和海洋化学资源、滩涂资源、淡水资源和可再生能源等。

无居民海岛资源是其所蕴藏的各种自然资源的集合体，自然资源是自然物，首先具有自然方面的属性，其次在人与自然关系的层次方面又拥有社会方面的属性。

（一）自然属性

无居民海岛资源的自然特性是无居民海岛资源自然属性的反映，是无居民海岛资源所固有的，与人类的活动没有必然联系。无居民海岛资源的自然特性包括以下几个方面：

1. 无居民海岛上各种自然资源的整体性

无居民海岛上所蕴藏的各种自然资源要素有不同程度的相互联系，如森林资源为岛上生物资源提供了生息繁衍的环境，海岛独特的生物资源又是海岛旅游资源的重要组成部分，无居民海岛上的各种自然资源是一个有机整体。

2. 自然资源的有限性

无居民海岛上各种自然资源的规模和容量具有一定限度，随着对无居民海岛开发利用的不断发展，人们对无居民海岛各种自然资源的需求不断扩大，因而产生了供给的稀缺性，主要表现为某些自然资源和作为某种用途的资源稀缺。但是，依靠科学技术的进步可以使以前未知的或不可利用的自然要素转入资源行列，扩大资源基础，使有限的资源获得无限的生产潜力。

3. 自然资源空间分布不均衡

各无居民海岛自然资源的空间分布并不均衡，有的无居民海岛资源富集，有的无居民海岛资源相对贫乏。自然资源空间分布的不平衡和空间上的差异决定了无居民海岛的发展要与其自身资源情况相适应。

4. 无居民海岛每类自然资源都按特定的方式发生和变化

从发生角度，可以把无居民海岛上的自然资源分成三类。

（1）可再生的自然资源，如太阳能、风、海潮、径流等，周期性连续出现。

（2）可更新的自然资源，包括动物资源和植物资源，是有生命的机体。其更新取决于自身的繁殖能力和外界的环境。

（3）不可再生的自然资源，如矿物燃料、金属矿、非金属矿等。这类资源的形成周期长，总量有限，消耗一部分，减少一部分，在开发利用中要杜绝浪费和破坏。

（二）社会属性

无居民海岛资源的社会属性是建立在其资源的自然属性基础之上的，是人类在开发利用无居民海岛过程中产生的。无居民海岛资源的社会特性包括以下几个方面：

1. 无居民海岛资源的多用途性和利用方向变更的困难性

无居民海岛资源具有满足多种需要的多用途特点，如在某个海岛上可以发展旅游，也可以开采矿物等。但当其一经投入某项用途之后，要改变其利用方向，一般来说是比较困难的。并且，有的项目一旦变更利用方向后，并不能将其在无居民海岛上的遗留物（如建筑物和设施等）全部清除，这会对海岛后续开发利用造成影响。

2. 无居民海岛资源利用方式的兼容性

无居民海岛资源的利用方式可分为：①直接利用，如对无居民海岛上的矿产资源、林木资源进行开发；②中间生产过程的利用，如在无居民海岛上发展养殖业或仓储业，并未对无居民海岛及周边海域自然资源造成损耗，只是形态或某些性质发生变化；③原位利用，如对海岛风光的就地观赏。

3. 无居民海岛资源的关联性

由于无居民海岛生态环境的立体性与连续性，在岛内某一特定区域自然资源的开发利用，不仅影响本区域内的自然生态环境和经济效益，而且会影响整个无居民海岛及周边海域甚至更大范围内的可开发性、生态效益和社会效益。

（三）管理的特殊性

无居民海岛资源资产在实际管理过程中面临着诸多同其他自然资源资产管理不同的特殊问题，存在着其固有的特殊性。

1. 管理的复杂性

无居民海岛空间狭小，海岛上分布着土地、林地、矿产等多种自然资源，海岛上的自然资源规模和体量均不大，其管理存在一定的复杂性。

2. 发展阶段的局限性

长期以来，许多海岛目前的开发活动是无序的、无度的、无偿的，有些海岛的开发项目目前由海岛所在的村向个人或集体发包或以租赁的形式开发，其发展存在一定的局限性。

3. 管理工具的特殊性

无居民海岛在地理空间距离大陆较远，分布在浩瀚的大海上，交通不便、开发条件差，需要专门的现代化管理手段来实施管理活动，一般需要建立专业的管理和技术队伍，配备船舶、无人机、气垫船、卫星地图等特殊的运输工具和勘查工具。

二、无居民海岛资产产权现状与问题

（一）无居民海岛产权体系

总的来说，无居民海岛所有权实际包含公权和私权，政府分别享有行政管理权和法人财产权，权利客体分别为国有公物和国有私物，无居民海岛所有权权利性质剖析如图 7-2 所示。

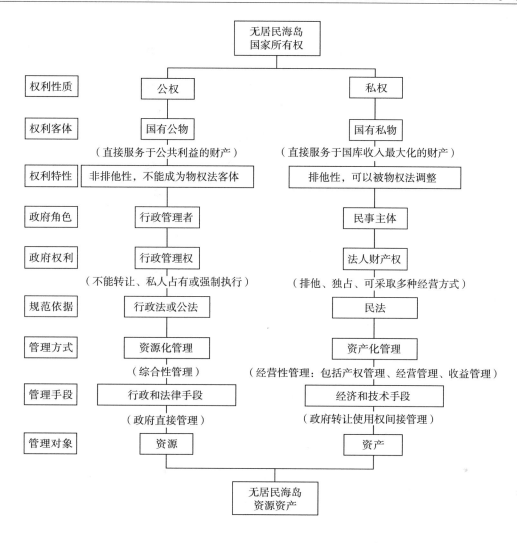

图 7-2　无居民海岛所有权权利性质剖析

资料来源：笔者自行绘制。

　　无居民海岛使用权的法律地位有待进一步明确。《中华人民共和国海岛保护法》明确了无居民海岛归国家所有，但并没有直接明确规定或提出无居民海岛使用权，而只能从"无居民海岛的保护"一节的相关条款中引申体现。如第三十条规定，开发利用可利用无居民海岛，应当向省、自治区、直辖市人民政府海洋主管部门提出申请，并提交项目论证报告、开发利用具体方案等申请文件由海洋主管部门组织有关部门和专家审查，提出审查意见，报省、自治区、直辖市人民政府审批，可以认为是无居民海岛使用权的取得途径。

此外，无居民海岛使用权权利类型单一。目前设立的无居民海岛使用权在登记时按照不同的使用用途和使用方式进行细分，但其使用权均为无居民海岛使用权，属于单一设权。

（二）无居民海岛使用权流转

2010 年，中华人民共和国财政部和中华人民共和国国家海洋局联合印发了《无居民海岛使用金征收使用管理办法》，其中规定了"未经批准，无居民海岛使用者不得转让、出租和抵押无居民海岛使用权，不得改变海岛用途和用岛性质"。另外，2011 年中华人民共和国国家海洋局出台的《无居民海岛使用申请审批试行办法》中也明确了"无居民海岛使用权转让、出租、抵押和继承应当到原审核机关依法办理相关手续"。

《浙江省无居民海岛开发利用管理办法》第二十六条规定，"无居民海岛使用权人可以将有偿取得的无居民海岛使用权依法转让、抵押、出租。无居民海岛使用权依法转让、抵押、出租的，该岛上的建筑物、构筑物及其附属设施一并转让、抵押、出租。无居民海岛使用权依法转让的，向原登记机关办理变更登记手续。无居民海岛使用权依法抵押的，向县（市、区）海洋主管部门办理抵押登记手续。"《广西壮族自治区无居民海岛保护条例》第二十七条规定，"无居民海岛使用权可以通过转让、抵押、出租、继承、赠与等方式流转，并向原不动产登记机构办理变更、抵押等相关登记手续，但不得擅自改变无居民海岛使用用途和法律、法规规定的使用条件。无居民海岛使用权依法转让、抵押、出租的，该海岛上的建筑物、构筑物及其附属设施一并转让、抵押、出租"。

浙江与广西政策基本都原则性地提出了二级市场流转的管理要求，明确了流转的形式，包括转让、出租、抵押，广西的政策中还包括继承、赠与等形式。同时浙江和广西的政策中还明确了海岛以及岛上的建筑物和设施一体流转的要求以及办理变更登记的要求。

虽然在《中华人民共和国海岛保护法》出台后，国家和地方海洋部门在推动无居民海岛使用权流转方面不断努力，但部分无居民海岛使用权权能的社会认可度不高，仍有部分无居民海岛使用权流转不顺畅。

（三）无居民海岛资产管理

总体上，我国基本形成了自上而下的中央与地方相结合的无居民海岛资源管理体制。我国海洋管理机构及主要涉岛职责如表 7-2 所示。

表7-2　我国海洋管理机构及主要涉岛职责

机构名称	职责分工
中华人民共和国国家海洋委员会	研究制定国家海洋发展战略，统筹协调海洋重大事项
中华人民共和国自然资源部（原中华人民共和国国家海洋局）	加强无居民海岛综合管理、生态环境保护和相关制度机制建设，推动完善无居民海岛的统筹规划和综合协调机制；承担海洋委员会关于无居民海岛管理的具体工作
国家发展改革委	提出包括海洋能在内的能源发展战略和重大政策；研究拟订能源发展规划；实施对石油、天然气、煤炭、电力等行业的管理，指导地方能源发展建设等
中华人民共和国外交部	维护国家主权、安全和利益等
中华人民共和国生态环境部	对全国海洋环境保护工作实行指导、协调和监督，并负责全国防治陆源污染物和海岸工程建设项目对海洋污染损害的环境保护工作等
中华人民共和国交通运输部	负责海运管理、海港管理等
中华人民共和国农业农村部	主管包括海洋渔业在内的农业与农村经济发展等
中华人民共和国文化和旅游部	负责包括海洋旅游业在内的旅游业管理等
中华人民共和国国家林业和草原局	负责沿海湿地及6米高潮线以上红树林保护与管理等工作

资料来源：由《中国海洋发展报告（2018）》及原中华人民共和国国家海洋局"三定"方案整理而成。

但目前来看，部分无居民海岛分散管理的现象较明显，部分无居民海岛资产的使用效率不高，损失浪费严重。由于人们长期受重陆轻海观念的影响以及远离大陆、荒无人烟的自身特点，使部分无居民海岛资产的使用效率不高，其开发利用基本处于无序状态，具有很大的随意性，长期无偿使用的结果必然造成大量的浪费，致使一些无居民海岛的自然生态环境、植被等遭到损害甚至破坏。例如，部分无居民海岛是渔民季节性用地，由于缺乏必要的管理，岛内生态环境破坏严重、礁滩被毁、酷渔滥捕，已使岛屿陆域资源和邻近海域渔业资源趋于枯竭。

三、无居民海岛资产产权制度优化的路径

（一）分层分类设立无居民海岛使用权

从层次上说，无居民海岛生态空间是由岛陆、岛基和海岛上空一定范围以及周边海域组成的生态空间集合体，各个空间层都可能成为无居民海岛开发利用的空间载体。例如，岛陆上可以开展建筑物和设施建设、旅游开发、仓储建设等；岛基上可能开展海底电缆、海底隧道等建设项目；海岛上空一定范围内可能架设跨海桥梁等。这些开

发利用活动要么依托岛基或岛体的空间范围开展，要么可能对海岛上的其他开发利用活动产生影响和排他性干扰，都应属于无居民海岛使用的具体情形。因此，需要根据不同空间范围，按照岛陆、岛基和海岛上空分层设立无居民海岛使用权。在各空间层的无居民海岛使用权中，再按照用途和方式对其进行细分，实现用途管制。划分无居民海岛用途和开发利用方式时，要本着与有居民海岛土地利用类型相衔接、相协调的原则分类。

（二）完善无居民海岛使用权权能

经济社会的发展自然会产生无居民海岛开发利用市场的不断扩大，产业发展、企业经营对于无居民海岛的流转需求也将不断涌现，因此，必须对出租、转让等流转形式的管理建立相应的机制，建立健全配套制度，提高无居民海岛资源的市场供给，满足海洋经济发展多元化的现实需求。

一是规定流转的形式和范围。对不同流转形式的管理要求应有所区别，可以建立无居民海岛的负面清单，明确禁止流转的范围。二是规定不同流转形式的管理要求。无居民海岛属于国家所有的资源，在当前生态文明体制改革的背景下，为了防止国有资源资产的流失，确保无居民海岛资源的保值增值，需要对转让（包括赠与）、抵押、出租、作价入股、继承、收回等流转形式提出区别化的管理要求。无居民海岛使用权流转是建立在使用权出让的基础之上，即无居民海岛使用权人将其合法拥有的使用权的占有、使用、收益等权能依法让渡于第三人。但海岛管理部门的海岛权属管理主要是基于对使用权人的管理，因此，无居民海岛使用权流转的区别化管理主要以使用权人是否变更为区分标准，提出区别化的管理要求。例如，针对无居民海岛使用权的抵押和出租管理，海洋部门需要对抵押或出租后的用岛活动加强监管。对于抵押情形，如果发生抵押权实现的情况，抵押权人还应当就具体的实现形式和处置方式与海洋部门沟通。

（三）加强无居民海岛资产监管体系建设

监管体系建设包括完善的法律环境、专业化的行业监管机构及公众监督。首先，需要立法先行，通过完善政策法规，形成遵循市场规律、依法行政、按程序办事的机制。其次，健全无居民海岛资产价值核算体系。根据无居民海岛资产特性和价值构成，构建无居民海岛资产会计核算体系，制定相关的会计制度和财务管理制度，对具体核算对象与范围的界定、价值计算与确认以及各项业务操作规程等内容做出明确规定，以确保对处在某一时点上的无居民海岛资产运行状态的正确反映。最后，强化外部监督，发挥社会媒体、公众等对无居民海岛资源利用管理的监督作用。在无居民海岛资源管理中需要制定必要的利益相关各方的参与程序，逐步建立一种政府、资源使用者、社会团体与社会公众相结合的连续监督体系，进一步打造社会化的资源监管格局。

（四）构建无居民海岛所有权分级代理的权责清单

无居民海岛资源具有资产和资源的双重性。一是资源化管理包含资产化管理。从范围上看，资源化管理包括其岛上的动植物、矿产、海岛周边海域海洋生物等所有无居民海岛资源，而资产化管理主要包括产权管理、经营和收益管理。从内容上看，资产化管理主要围绕产权各项权能的实现来开展，而资源化管理则贯穿于资源管理的各个环节。二是资源化管理较资产化管理的目标更全面。资源化管理的目标在于合理开发和保护无居民海岛资源，实现经济效益、社会效益和生态效益最大化；而资产化管理的主要目标在于保障国家所有者权益，实现资源保值增值，相比资源化管理，其目标相对单一。

从理论上来讲，资源化管理和资产化管理的目标和方式不一致，前者属国家政权赋予的行政权力，其目标是实现社会利益最大化，而后者是一种基于财产所有者身份行使的财产权，其目标是国有资源资产权益最大化，二者分开管理可充分实现各自效益最大化。根据实际情况，中央和地方政府在产权关系调整中，要根据各自的功能定位，结合我国无居民海岛的特征，确定科学合理的资产边界，从而促进保持和实现它们的功能。

（五）推进无居民海岛统一确权登记

根据手续办理情况，历史遗留用岛可分为已获取相关权证、获得许可或签订合同、无任何合法手续私自开发三类，应根据类别处理，推进无居民海岛确权登记工作。《中华人民共和国海岛保护法》生效后开发利用活动仍在继续的无居民海岛，或获取许可或签订合同，但未缴纳有关费用开发利用的无居民海岛，属于违法行为，应依据《中华人民共和国海岛保护法》予以查处。

第八章　基于产权效率的各省份自然资源资产管理体制的探索与实践

党的十九大以后，生态文明制度建设进入更加深化的新时期，党和国家对生态文明制度建设进行了战略部署。各地也开始不断探索具有地方特点的自然资源资产管理体制，正在构建中国特色自然资源资产管理制度体系。

第一节　海南自然资源资产管理体制改革

一、自然资源资产管理体制改革进展

（一）开展农村集体土地所有权确权，基本划清全民、集体所有土地边界

从 2001 年开始，海南在全省开展农村土地确权工作，把农村土地确权作为重大民生实事来抓。按照"早启动、全覆盖、高标准、信息化"的原则，全省开展了农村集体土地所有权确权工作。截至 2011 年 6 月底，海南完成村庄建设用地确权面积 155.4 万亩，占村庄建设用地总面积的 95.1%，成为全国第一个基本完成农村集体土地确权的省份。①

---

① 资料来源：海南成首个基本完成农村集体土地确权省份［EB/OL］. https：//www.cnfin. com/news-xh08/a/20110727/703494. shtml，2011-07-27.

（二）深化新一轮农垦改革，扩大国有农用地使用权权能

农垦改革是国有土地资源产权改革的重要内容。《国务院关于全民所有自然资源资产有偿使用制度改革的指导意见》（国发〔2016〕82 号）明确要求"探索建立国有农用地有偿使用制度。明晰国有农用地使用权，明确国有农用地的使用方式、供应方式、范围、期限、条件和程序"。2015 年 11 月出台了《中共中央　国务院关于进一步推进农垦改革发展的意见》，同年 12 月，海南在全国率先出台了《中共海南省委　海南省人民政府关于推进新一轮海南农垦改革发展的实施意见》（琼发〔2015〕12 号），明确要求按照垦区集团化、农场企业化的改革方向推进新一轮海南农垦改革，用 3 年左右时间，基本完成农垦国有土地使用权确权登记发证任务。2016 年 4 月，海南省国土资源厅出台了《关于推进新一轮农垦土地管理制度改革的实施意见》，明确推进农垦土地管理制度改革九大方面任务。

海南省农垦改革的主要做法和经验：一是实施农垦区集团化改革，组建海南省农垦投资控股集团有限公司，推进了集团内部资产重组和扁平化管理，建立了市场化的用人机制，实现了农垦体制机制转换。二是坚持市场化方向，严格按照现代企业制度构建农场公司治理体系，把农场公司建设成为自主经营、自负盈亏的独立市场主体，扎实推进农场转企改制。三是针对农场土地承包租期过长、租金过低、面积过大的"三过"问题，开展大规模农用地使用清理规范工作。对长期存在未确权地、争议地、被侵占地等"三类地"问题，加大土地确权发证工作。

（三）以"完善规范和平台接入"为重点，推进不动产登记工作

海南省委、省政府高度重视不动产统一登记工作，连续 3 年把此专项工作纳入重点工作进行部署落实、督查督办。全省 17 个市县和洋浦经济开发区已部署运用了省级信息平台，配置了权籍调查业务前置环节，对信息平台受理部分登记业务的操作流程进行优化。

（四）推进矿业权清理整顿，推动矿业活动绿色转型升级

近年来，海南省贯彻"生态立省"原则，着力提高矿业活动准入门槛，坚决取缔对生态环境破坏明显的矿业活动，矿产开发重心转到环境保护，深入开展矿业权清理整顿，推动矿业活动绿色转型升级。

海南省政府要求，停止新设探矿权，停止新设除建筑用砂、石、土和地热、矿泉水等矿产资源以外的采矿权。新设的建筑用砂、石、土和地热、矿泉水采矿权应当符

合新设采矿权矿种目录，并严格实行采矿权设置方案和总量控制管理制度。同时，对现有探矿权和采矿权进行清理，针对不同情形进行处理，对探矿权实行了保留探矿权、协议收回探矿权、探矿权采矿权整合、吊销勘查许可证等处理方式；对采矿权实行了协议收回采矿权、注销登记、吊销采矿许可证等处理方式。

同时，海南省大力加强矿山地质环境保护与恢复治理。海南省建立健全矿山地质环境监测制度，全面实行矿山开发利用方案、矿山地质环境治理恢复方案及土地复垦方案同步编制、同步审查、同步实施；充分发挥财政资金和政策的引导带动作用，鼓励和吸引社会资金投入，推进矿山地质环境治理恢复工作；不断加强对矿产企业所在地居民的经济补偿，建立科学的矿产资源利益分配机制，着力保护好当地的生态环境。海南省提出，走资源节约型、环境友好型矿业之路，恪守生态红线和环境底线，促进矿业活动绿色转型。

（五）实施矿业权人勘查开采信息公示制度

为加强矿山开发和保护过程监管，树立以信用为核心的新监管理念，严格落实企业主体责任，海南省全面开展了矿业权人勘查开采信息公示工作。

海南省自然资源厅对省内矿山进行排查，督促矿山落实治理方案，做到"边开采边治理"，对未及时治理的矿山，要将该矿山企业纳入政府管理相关信息向社会公开，列入矿业权人异常名录或严重违法名单，依法依规予以查处。对存在矿产资源违法违规行为的企业，纳入矿业权人异常名录或严重违法名单，对符合安监部门"黑名单"条件的要同时提请当地安全生产委员会纳入安全生产"黑名单"，实施联合惩戒。对地方人民政府关闭取缔、停产整顿的矿山企业要按照名单逐一复查，严防"死灰复燃"和违规突击生产。海南省自然资源厅也采取了"双随机一公开"（随机抽取检查对象，随机选派执法人员，及时公布查处结果）制度对矿业权人勘查开采信息进行公示，做到被检查单位随机抽取、检查人员随机抽取、检查结果公示、实现责任可追溯。

二、存在的问题

（一）农垦"三类地"确权工作需加快推进

海南省农垦土地确权登记发证工作滞后于地方土地，特别是农垦"三类地"（已确权登记发证确权但被周边村民抢占使用、未确权登记发证但土地权属清楚、未确权登记发证且土地权属有异议的土地）是海南农垦制度改革的难题。

从整体上看，土地确权登记发证工作进展较缓慢。主要原因是：第一，未确权发证土地宗数多、面积大、涉及农场多，在土地确权过程中由于周边农村集体不愿出面指界认界、签订《权属界线核定书》，使土地确权工作难以进行；第二，部分市县缺少土地确权工作经费来源；第三，争议纠纷土地存在时间长、宗数多、面积大、涉及农场多，农场调解土地纠纷力量薄弱，无法单方面化解土地纠纷。

（二）自然资源类型边界需进一步明确

海南省在自然资源产权管理特别是确权登记工作中存在两个突出问题：一是如何划分自然资源的类型边界，二是如何确定自然资源的登记范围。

（三）生态红线保护区内资源开发使用权退出补偿尚待解决

目前，合理处置生态红线保护区内矿业权、土地开发权是各地普遍遇到的难题。根据《海南省生态保护红线管理规定》（2016年7月29日海南省第五届人民代表大会常务委员会第二十二次会议通过），第二十三条规定，对于生态保护红线区内已依法批准对生态环境有不利影响的建设项目，要根据对生态环境影响的程度，分别采取退出、改造、产业转型升级等方式进行处理；第二十六条规定，县级以上人民政府建立生态保护红线生态补偿机制，明确补偿范围，合理确定补偿标准。但是，如何落实相关规定，使生态保护红线区内的房地产开发、矿产资源开发等资源开发利用活动退出或调整为与生态环境不相抵触的适宜用途，并给予使用权人以适当的补偿，还存在法律、政策、资金、管理体制等难题，"人往哪里去、钱从哪里来、资源怎么办、程序怎么走"仍有待制定系统的制度安排。

依据不同的生态保护功能区，生态保护红线实行"一区一策"管理。Ⅰ类生态保护红线区，除经依法批准的国家和省重大基础设施、重大民生项目、生态保护与修复类项目，以及农村居民生活点、农（林）场场部（队）及其居民在不扩大现有用地规模前提下进行生产生活设施改造外，禁止各类开发建设活动。Ⅱ类生态保护红线区内禁止工业、矿产资源开发、商品房建设、规模化养殖及其他破坏生态和污染环境的建设项目。确需在Ⅱ类生态保护红线区内进行下列开发建设活动的，应当符合省和市、县、自治县总体规划。对照生态保护红线区，仅从矿业权来看，就存在相当程度的面积重叠和大量的退出、安置、补偿等问题。

三、对策建议

（一）加强不动产登记规范化建设

一是指导各地研究处理不动产登记的历史遗留问题，督促各地认真对历史遗留问题进行梳理分类，严格按照"依法依规、尊重历史、面对现实、实事求是"的原则，争取以地方政府名义出台关于历史遗留问题的指导意见，切实妥善处理好历史遗留问题。

二是加强研究海域使用权登记与海域管理工作衔接、林权登记等问题，争取尽快出台关于林权、海域使用权等不动产登记方面的指导性意见。

（二）加快推进农垦"三类地"确权

加快推进农垦市场化改革，以垦区集团化、农场企业化为遵循，以群众增收、企业增效为目标，大力清理规范农垦地区土地管理关系，推进"三类地"确权，推动土地资产化资本化。自然资源管理部门应督导各市县政府在开展国有农场农业用地规范管理工作过程中，将农场土地确权登记发证工作作为一项重要内容，统一部署，明确责任，落实经费，依法、及时开展土地确权登记发证工作，全面完成海南省农垦无争议未确权及已确权未发证的国有土地登记发证工作和农垦土地确权登记颁证。

（三）协调处置保护区和矿业权重叠问题，完善退出多元化补偿政策

一是摸清生态红线内的矿业权底数。目前，国家、省、市三级正在划定自然保护区，但有的保护区范围未定，有的划定范围还在调整，对摸清自然保护区内矿业权的底数，对实施自然资源统一管理、分类处置造成了困难，制定生态红线内矿业权处置"路线图"和"时间表"已刻不容缓。当前要着重贯彻落实《国土资源部关于印发〈自然保护区内矿业权清理工作方案〉的通知》（国土资发〔2017〕77号），对各省（区）自然保护区和生态保护红线范围的矿业权进行全面调查摸底、分类梳理、系统分析，提出解决方案。二是健全矿业权退出补偿机制。对自然保护区和生态保护红线划定前设立的矿业权或不在保护区核心区的矿业权，分门别类地完善矿业权退出机制，完善多元化补偿政策。细化置换、经济补偿等方式，探索按照同矿种同禀赋置换原则及时给矿业权人补偿，尽可能地采用经济买断、合理评估剩余储量补偿等，确保矿业权人合法权益的合理保障。

第二节　内蒙古自然资源资产管理体制改革

一、基本现状与主要特点

内蒙古自治区自然资源丰富，有"东林西矿、南农北牧"之称，草原、森林和人均耕地面积较广，同时也是中国最大的草原牧区。

（一）基本现状

1. 森林资源

内蒙古自治区集体林权制度改革自 2004 年试点、2009 年全面启动实施以来，已取得重大成果和明显成效。截至 2020 年，该区已确权集体林地的确权率和发证率均超过国家要求的 95%，明晰产权、承包到户的改革任务基本完成。

2. 草原资源

内蒙古自治区的草场面积居全国第一。东起大兴安岭，西至居延海，广袤无垠，东西绵延 2000 多千米，天然草原面积 13.2 亿亩，草原面积占全国草原总面积的 22%，占全区国土面积的 74%①。呼伦贝尔、锡林郭勒、科尔沁、乌兰察布、鄂尔多斯和乌拉特等著名草原，孕育出丰富多样的畜种资源，著名的三河牛、三河马、草原红牛、乌珠穆沁肥尾羊、敖汉细毛羊、内蒙古细毛羊、阿尔巴斯白山羊、阿拉善驼等优良品种，在区内外闻名遐迩。

3. 水资源

内蒙古自治区水利厅负责全区水资源管理、配置、节约和保护工作；组织指导全区水权制度建设，实施水资源调查、评价和监测；研究实施水资源取水许可、水资源有偿使用、水资源论证等制度建设；指导水量分配，水功能区划和水资源调度工作并监督实施，组织编制水资源保护规划等。

---

① 资料来源：内蒙古自治区林业和草原局，详见 http://lcj.nmg.gov.cn/lcgk_1/。

（二）主要特点

1. 坚持制度先行推进自然资源产权改革

制定不动产登记条例。针对当前不动产统一登记工作中存在的突出问题，原内蒙古自治区国土资源厅出台了《关于切实做好实施不动产统一登记工作中有关事宜的通知》，对各地不动产统一登记工作中存在的共性问题进行了规范和细化指导。

积极落实自然资源统一确权登记办法。在不动产统一登记制度的支撑下，深化自然资源资产产权管理制度建设研究，按照七部委相关文件要求，提出适合内蒙古自治区实际的自然资源资产产权管理思路和方案，做好自然资源确权登记准备工作。例如，兴安盟阿尔山市于 2015 年 7 月 29 日成立阿尔山市不动产统一登记工作领导小组，同时建立了阿尔山市国土资源局牵头的全市推进不动产统一登记工作局际联席会议制度。2015 年 9 月 27 日完成不动产统一登记行政事业机构设置工作，阿尔山市国土资源局加挂了阿尔山市不动产登记局的牌子，成立了副科级事业单位不动产登记中心。

2. 土地、水、草、林产权试点改革渐次展开

开展土地二级市场改革试点。2017 年 1 月 22 日，《国土资源部印发〈关于完善建设用地使用权转让、出租、抵押二级市场的试点方案〉的通知》（国土资发〔2017〕12 号），内蒙古自治区二连浩特列入 28 个开展国有土地二级市场试点之一。2017 年 4 月 21 日，二连浩特市试点工作启动召开，标志着试点工作进入操作实施阶段。

开展水权转让改革。2014 年，中华人民共和国水利部正式确立内蒙古自治区为全国七个水权试点之一，内蒙古自治区人民政府同意设立内蒙古自治区水权收储转让中心有限公司，实现了内蒙古自治区水权制度改革的阶段性跨越。

稳步推进草原产权制度改革。从 2014 年开始，内蒙古自治区政府选择了有代表性的 10 个旗（县）开始试点推进草原确权承包，以巩固草原"双权一制"改革的成果。其主要任务：一是稳定现有草原承包关系，解决过去草原确权工作中遗留的问题；二是明晰草原产权，逐步实现草原资源资产化的目标。

林权改革有成效。国有林场、林区改革拉开序幕，《内蒙古自治区国有林场改革方案》和《内蒙古大兴安岭重点国有林区改革总体方案》率先获得国家批准，并由内蒙古自治区党委、政府印发实施。达拉特旗成为国家集体林业综合改革试点县，在 12 个旗县开展了内蒙古自治区集体林业综合改革试验示范点工作。生态文明制度建设取得重要进展，进行了森林资源资产负债表编制试点工作，完成了三个林场森

林资源资产负债表编制。启动了林业生态红线划定工作，制订了工作和技术方案。开展了森林保险工作，基本实现应保尽保，参保森林面积和保费补贴总量居全国首位。

3. 森林、林木所有权证实现了林木所有权和土地所有权的分离

鄂尔多斯市达拉特旗在获得国家有关部门改革授权下，率先为集体林业综合改革试点的 20 户农牧民发放了森林林木所有权证书。"森林、林木所有权证"实现了林木所有权和土地所有权的分离，对于破解林权证发放难问题，维护造林者合法权益，更好地处理社会矛盾具有重要意义。通过集体林权制度改革，扶持培育了东达蒙古王集团有限公司、银肯塔拉、绿森源等一批重点林业企业和专业合作社大力发展林下经济，并发挥其示范带动作用，吸引更多农牧民参与林业产业发展，增加农牧民收入，实现了经济效益、社会效益、生态效益的同步提升。

二、面临的主要问题

（一）自然资源权属界线在部分地区仍然存在争议

一是所有权主体存在争议。中华人民共和国成立初期，内蒙古自治区开发建设了大批国有农场、林场、牧场，部分场地没有办理完备的征地或转让手续，没有具体明确场地范围和界址，也没有进一步签订界线协议，具体划定土地权属界线，明确四周的具体范围和林间空地的权属问题，导致后来逐渐与周围场地产生较大争议。

二是不同类型自然资源的产权主体存在争议。尤其在林场与集体所有土地的交界地区，林业逐年造林使林地面积往外扩展，使其与周边村集体存在权属矛盾。

三是国有自然资源与集体自然资源界限不明确。例如，部分处于沙漠、黄河堤坝内的土地权属界限不明确，土地纠纷时有发生。

（二）初始水权有待明晰，水权出让方利益实现较困难

目前，部分地区对于用水户初始水权的管理还比较粗放，特别是农业水权，没有明确、细化到具体的用水户，水权转让以后，用水户节水不能得到利益补偿，节水积极性不高。水权交易不能满足企业用水需求。部分地区的工业项目急需取得用水指标，需要通过多种方式的水权交易取得。

（三）森林林木所有权证发放较滞后，林地经营权流转步伐较缓慢

一是森林林木所有权证发放存在阻力。颁发森林林木所有权证对维护造林大户权

益，提升农牧民造林护林积极性，促进集体林业发展有着十分重要的作用，但在确权颁证操作过程中，由于部分地区村委会和村民之间配合度不高，导致部分森林林木所有权证发放存在阻力，在一定程度上挫伤了造林户的积极性。

二是林地经营权流转步伐较缓慢。为提高规模化经营程度，涉林企业、造林大户、专业合作社承包土地的积极性和意愿较为强烈，但由于受市场和认识等因素影响，部分地区农牧民土地流转积极性和意愿相对较低，导致林地经营权流转程度不高，流转证发放速度缓慢。

三、对策建议

（一）统一自然资源空间分类标准，准确界定自然资源概念范围

由于自然资源涉及水流、森林、山岭、草原、荒地、滩涂等，并没有现成的分类体系，而各自然资源管理部门对其的定义和分类与土地利用现状分类中的定义及划分均有出入，或互相涵盖，所以必须准确界定自然资源各个类别的范围，才能真正厘清自然资源空间关系，准确界定各个自然资源类型包含的范围和数量。需要综合考虑水利、林业、牧业、国土等行业分类，以及最新的土地利用现状分类，厘清各个行业间分类标准的含义，互相间的重叠和遗漏，提出一项综合的、全覆盖的土地分类国家标准。

（二）综合利用各行业现有调查成果资料

无论是产权管理制度建设还是统一确权登记都需要以自然资源空间调查为基础。目前各行业都有自己的资源调查（普查）体系，应充分利用现有数据，系统研究农、林、牧、水等各部门的资源调查体系，选取适宜调查指标，整合各种数据成果，基于国土资源大数据建立自然资源地理空间基础数据库。

（三）积极开展草原"三权分置"工作

对可开发利用的草原，随着草原确权承包工作的有序开展，为进一步促进农村牧区集体产权制度改革，积极探索和开展草原集体所有权、农牧户承包权、土地经营权"三权分置"工作，发展多种形式适度规模经营，提高草原产出率、劳动生产率和资源利用率，构建新型农牧业经营体系，促进草原资源合理利用。

第三节 贵州自然资源资产管理体制改革

一、基本情况

（一）贵州省被确定为多项改革试点地区

2015 年 11 月，贵州省委、省政府印发《生态文明体制改革实施方案》。其中，原贵州省国土资源厅牵头或联合牵头承担了健全自然资源资产产权制度、建立统一的确权登记系统、建立权责明确的自然资源产权体系、探索建立各级政府分级行使所有权的体制、健全全民所有自然资源有偿使用制度、健全国土空间用途管制制度、完善土地节约集约利用制度、健全矿产资源开发利用管理制度等十多项改革任务。此外，贵州省还承担了中央授权的农村集体经营性建设用地入市、农村土地征收试点，健全国家自然资源资产管理体制试点等多项试点任务。2016 年 8 月，中共中央将贵州省确定为首批国家生态文明试验区。2017 年 6 月 26 日，中央全面深化改革领导小组第三十六次会议审议通过了《国家生态文明试验区（贵州）实施方案》。贵州省即将全面启动国家自然资源资产管理体制试点工作。国土资源管理部门虽然不是此项改革的牵头部门，但承担了许多重要的改革任务，要重新界定土地、矿产资源资产管理职责，厘清所有者和监管者职责；要探索中央、地方分级代理行使全民所有自然资源资产所有权。

（二）贵州省自然资源产权制度改革进展

1. 开展重点改革项目研究

为推进生态文明体制改革，加快生态文明先行示范区建设，2014 年末，贵州省国土资源厅与中国国土资源经济研究院共同组织开展贵州省生态文明先行区建设自然资源管理制度课题研究。该研究项目共包含 6 个子课题："贵州省自然资源资产产权管理制度研究""贵州省'三线'划设研究""贵州省自然资源用途管制制度研究""贵州省自然资源资产数据采集与信息平台建设""贵州省资源环境承载力监测预警制度建设"和"贵州省自然资源节约集约利用制度研究"。

2. 建立协同改革推进机制

贵州省委、省政府高度重视贯彻落实国家自然资源资产管理体制改革要求，自 2014 年起将有关改革任务纳入贵州省全面深化改革中长期规划，2015 年 11 月贵州省委、省政府印发了《生态文明体制改革实施方案》，专门对"健全自然资源资产管理体制"和"探索建立贵州省各级政府分级行使所有权的体制"改革任务进行了明确。分别由中共贵州省委省机构编制委员会办公室和贵州省自然资源厅牵头，研究制定了贵州省自然资源资产管理机构改革实施方案，明确研究探索省及省以下相关各级政府行使所有权的体制。

3. 积极推进自然资源资产体制改革

自然资源统一确权登记试点方面，在 2017 年 4 月 19 日中华人民共和国国土资源部、贵州省人民政府联合批复贵州省自然资源统一确权登记试点实施方案的基础上，贵州省探明储量的矿产资源统一确权登记试点工作实施方案于 5 月 3 日经贵州省人民政府同意印发实施。贵州省编制了《贵州省自然资源统一调查确权登记技术办法（试行）》，从技术和操作层面上对试点工作进行了规范。组织省级相关人员赴福建省调研学习自然资源统一确权登记工作，并对工作推进滞后的地方开展督查，确保全省试点工作整体推进。

自然资源有偿使用方面，按照国家改革部署和原中华人民共和国国土资源部统筹安排，贵州省于 2016 年制定了《省国土资源厅探索实行全民所有自然资源资产有偿出让制度 2016 年度改革工作方案》，会同原中国国土资源经济研究院等技术支撑单位进行实地调研和专题研究。此后不久，《国务院关于全民所有自然资源资产有偿使用制度改革的指导意见》（国发〔2016〕82 号）印发。贵州省迅速对照校准，按照贵州省委、省政府在 2017 年初做出的要求，会同发改、环保、农业、水利、林业、旅游等部门进一步修改完善，完成了《贵州省全民所有自然资源资产有偿使用制度改革试点实施方案（送审稿）》并呈报贵州省人民政府。方案还制订了全民所有自然资源资产有偿使用制度改革任务分工表，各项改革任务于 2018 年底完成。

毕节市还在水权交易方面开展了积极探索。2016 年底，结合毕节市威宁县山高水低、年降水量少、水资源分布不均、取用水矛盾突出等现状，贵州省水利厅将威宁县玉龙镇、牛棚镇区域水权交易作为全省首个水权交易试点，以牛棚镇政府和玉龙镇政府为水权交易主体（牛棚镇属出让方、玉龙镇为受水方），对牛棚镇的邓家营水库富余的 46 万立方米的水进行交易，确定年水资源使用权交易金额和受水方向出让方支付的工程维修养护经费，明确水权交易期限 50 年，由玉龙镇人民达成意向，最后由县水务局根据两个镇政府提出的水权变更申请、水权交易合同，向玉龙、牛棚两个镇政府分别发放权属变更申请、水权交易合同，向玉龙、牛棚两个镇政府分别发放权属变更后的水权证。水权交易达到三个目的：一是将原有的行政配置水资源改为市场配置水资源。通过明确水利工程的水权后，再由供给方和需求方通过市场化运作开展水权交易，改变了传统的水资源行政分配弊端，有效地避免了水事纠纷和矛盾。二是为"十三五"期间贵州省提出的"乡乡有稳定水源"找新路。通过水资源富余的乡镇（区域）与水资源匮乏的乡镇（区域）水权交易，配套建设疏水系统工程，为解决"乡乡有稳定水源"找到新路径。三是通过水权交易促进水利工程水价改革。通过改革的办法，以市场配置水资源的手段，在玉龙镇与牛棚镇进行水权交易的同时，威宁彝族回族苗族自治县玉龙镇农村水务公司向威宁彝族回族苗族自治县邓家营水库管理单位缴纳水利工程维修费，补偿邓家营水库的维修养护及水资源保护。

二、面临的问题

（一）自然资源调查基础数据需进一步明确

各类自然资源分属不同部门管辖，各部门按照本部门技术标准进行自然资源基础数据的统计和产权登记，同时由于各类自然资源类型边界不清，出现部分数据重合、遗漏，确权颁证范围重叠，错登、误登等问题偶有发生，给自然资源统一确权登记造成了一定困难。

（二）监督与管理职责有待细化

目前，自然资源管理与监督职责基本都设在同一部门内部，管理与监督的职责边界、权利边界、约束机制仍有待进一步明晰。

（三）监管体系有待完善

土地督察制度相对成熟，职责定位也相对清晰，监管比较有效。但一些领域存在区域监督机构与地方政府机构在权、责、利各方面很难界定和协调的问题，监管体系有待进一步完善。

三、对策建议

（一）建立以土地调查为基础的自然资源调查与监测制度

划清不同自然资源类型的边界，完善土地等自然资源分类标准，要以土地调查为基础，统一自然资源资产调查和认定技术标准，开展包括基础地质、耕地资源、森林资源调查，草地资源调查，湿地资源调查，石漠化、滩涂、水资源等自然资源的综合调查。一是建立统一的自然资源综合调查评价制度。二是统一自然资源资产调查和认定技术标准。三是探索建立涵盖全省域、大比例尺、现代化的自然资源动态监测网络。四是建立自然资源调查数据库和管理系统。

（二）建立健全自然资源产权监管体系

积极落实行使国有自然资源资产出资人的主体资格、探索建立自然资源资产分级管理制度两项内容。统筹全省自然资源资产的储备、增值、交易、流转监督事务，同时健全公共资源交易综合监管机制。组建完全垂直具有执法权的自然资源督察监管部门。包括组建对国土范围内所有自然资源进行监管的部门、探索构建独立运行和垂直管理的自然资源监管体制、组建具有执法权的自然资源督察队伍、探索构建统一国土空间用途管制制度四项内容。

（三）建立以不动产登记信息平台为基础的自然资源产权信息平台

以不动产登记工作为基础开展自然资源统一确权登记，及时升级不动产登记信息平台，及时研发相关自然资源登记模块，做好不动产登记信息与自然资源产权信息的顺利衔接。

第四节　四川自然资源资产管理体制改革

一、基本情况

四川省是自然资源大省，土地资源、水资源、矿产资源、国有森林资源、国有草原资源等均居全国前列。

截至 2018 年，四川省草原面积为 2106.67 万公顷（3.16 亿亩），占全省幅员面积的 43%，其中，可利用面积为 1793.33 万公顷（2.69 亿亩）。分属青藏高寒草原区、长江黄河中上游草原区和南方草山草坡区。共有 11 个类、35 个组、126 个型，以高寒草甸草地、高寒沼泽草地、高寒灌丛草地为主。四川省草原有 1633.33 万公顷位于甘孜藏族自治州、阿坝藏族羌族自治州、凉山彝族自治州，构成了全国五大牧区之一的川西北牧区，占四川省草原面积的 78.3%。甘孜藏族自治州是四川省重要的生态保护区，拥有天然草原面积 944.92 万公顷（1.42 亿亩），占四川省草原总面积的 46.5%、川西北牧区草原总面积的 58%、全州国土面积的 61.7%。其中，可利用面积为 833.45 万公顷。林地面积为 2452.52 万公顷，占四川省幅员面积的 50.5%，居全国第 3 位[①]；森林蓄积达 17.5 亿立方米，居全国第 3 位；森林覆盖率达 36.88%，高出全国平均水平 10 个百分点以上[②]。

二、主要做法

为全面贯彻落实《生态文明体制改革总体方案》（中发〔2015〕25 号）、《国务院关于全民所有自然资源有偿使用制度改革的指导意见》（国发〔2016〕82 号）等一系列文件精神，四川省于 2016 年 6 月印发《四川省生态文明体制改革方案》，提出健全归属清晰、权责明确、监管有效的自然资源资产产权制度，包括加快建立统一的确权登记系统、健全自然资源产权体系、改革自然资源管理体制等内容。

（一）全力推进不动产统一登记

一是健全统一登记职责机构。2015 年，四川省国土资源厅与中共四川省委机构编制委员会办公室办联合下发《关于加快推进市县两级不动产登记职责整合的实施意见》（川国土资发〔2015〕42 号），要求各地成立不动产登记局和不动产登记中心，明确不动产登记机构的主要职责为指导监督土地登记、房屋登记、林地登记、草原登记等不动产登记工作。截至 2015 年底，四川省不动产登记机构全部建立，人员到位。

二是加强制度保障，完善统一登记标准规程。原四川省国土资源厅制订并下发了《四川省不动产登记信息管理基础平台总体建设方案》《四川省不动产登记数据库标准

---

① 资料来源：中国森林资源清查数据，详见 http：//forest. ckcest. cn/sd/si/zgslzy. html？categoryOne＝％E6％9E％97％E5％9C％B0％E9％9D％A2％E7％A7％AF&categoryTwo＝classTwo&areaOne＝％E5％9B％9B％E5％B7％9D。

② 四川网络广播电视台. 四川森林蓄积全国第三　大熊猫栖息地占全国 78.7%〔EB/OL〕. https：//www. 163. com/dy/article/CR81CAON0514BTL7. html，2017-08-07。

（试行版）》《四川省不动产登记数据整合建库技术方案（试行）》《四川省不动产登记服务指南（试行）》《关于不动产登记数据整合建库的指导意见的通知》等一系列文件，指导规范不动产统一登记工作。

三是强化信息平台建设，实现存量数据汇交。截至 2019 年底，四川省全部市州区县全部接入部、省信息平台，实现了不动产统一登记信息平台的四级互联，实现不动产登记增量数据汇交，基本完成预期目标。全面完成不动产统一登记"停旧发新"工作。不动产统一登记的全力推进为自然资源确权登记奠定了坚实的基础。

（二）探索推进自然资源确权登记

一是实施四川大熊猫国家公园自然资源统一确权登记试点工作。由四川省自然资源厅牵头，正在实施国家公园内自然资源统一确权登记，即将完成大熊猫国家公园内各类自然资源统一确权。

二是基本落实了草原承包经营责任制，试点开展草原确权登记。原四川省农业厅基本落实草原承包经营责任制，分地区承包草原地块的四至界线基本明确，发包方和承包方的责权利比较明晰。2015 年，根据六部委《关于认真做好农村土地承包经营权确权登记颁证工作的意见》（农经发〔2015〕2 号）精神，按《农业部关于开展草原确权承包登记试点的通知》（农牧发〔2015〕5 号）文件要求，四川省农业厅结合地方实际情况，开展草原确权登记试点工作。经过试点，凉山彝族自治州甘洛县试点村基本完成确权承包登记试点工作任务。

三是逐步推进林地权属登记发证调查工作。原四川省林业厅在全省范围内布置开展了林地权属登记发证调查统计工作，调查核实各类林地权属登记发证情况。

四是积极推进农垦国有土地确权登记发证工作。及时传达原中华人民共和国国土资源部农垦系统国有土地使用权确权登记发证精神，要求各市（州）做好农垦国有土地权籍调查，建立农垦国有土地确权登记工作统计汇总制度。

（三）分类推进各类自然资源的管理

一是改革采矿权审批权，落实分级代理行使所有权。按照《中华人民共和国矿产资源法》《四川省矿产资源管理条例》及相关规定，省级采矿权审批权限含部授权的 34 个矿种、34 个矿种以外储量规模为中型以上的采矿权；县级审批的为 34 个矿种以外储量规模为小型的只能用作普通建筑材料的砂、石、黏土、页岩采矿权；其余采矿权由市级审批。

二是探索建立草原资源分级代理行使所有权。南方草原草坡区草原面积小而分散，随农区开展耕地承包时一并进行承包，属集体所有草原，由村集体代理行使所有权的管理；川西北牧区草原属国家所有草原，目前大致有三种分级代管形式：①使用权核发到乡、承包经营权到户的草原实行属地管理，由当地县级人民政府代理行使所有权；②使用权核发到省州县各级企事业单位的草原，分别由同级人民政府代理行使所有权；③永久性征用、使用草原70公顷以上的草原由原中华人民共和国农业部代国务院代理行使所有权，70公顷以下的草原由省级人民政府草原行政主管部门代理行使所有权。

三是建立省—市州—县区三级的森林资源管理制度。目前，四川省国有森林资源主要包括森工企业、国有林场等，形成了省—市州—县区三级的森林资源管理制度，其中，森工企业由四川省林业和草原局进行管理；国有林场有174个由县市区管理，6个由市州管理；其他国有森林资源由所在县区人民政府林业主管部门行使管理权。

（四）建立完善自然资源有偿使用制度

一是扩大国有土地资源有偿使用范围。以扩大范围、扩权赋能为主线，将有偿使用扩大到公共服务领域和国有农用地。根据原中华人民共和国国土资源部等八部委联合下发的《关于扩大国有土地有偿使用范围的意见》（国土资规〔2016〕20号）精神，开展专题工作会议及专题调研，研究制定扩大国有土地有偿使用范围的贯彻意见。

二是完善国有矿产资源有偿使用制度。四川省于2003年全面推行招标拍卖挂牌方式出让采矿权。采矿权出让方式由原单一的申请审批方式改革实行批准申请、协议出让、招标拍卖挂牌三种方式。对国家出资勘查探明的矿产地，探矿权、采矿权灭失的矿产地，未设置探矿权、采矿权的其他矿产地，除允许以批准申请、协议出让方式出让采矿权情形外，全面实行招标拍卖挂牌方式出让。

三、存在的问题

四川省在自然资源产权制度改革中做了大量有益探索，取得了较好成效，但也存在一些有待完善之处。

（一）自然资源家底数据有待清晰

一是各管理部门掌握的数据存在差异。由于自然资源涉及门类众多、多头管理，且各自然资源分类标准不一，易造成各部门掌握的家底数据存在差异。

二是草原承包中四至界线不清，基础数据不准问题较为突出。部分地方承包合同没有标注四至界线，实地也缺少明显的地理标识，少部分牧民还不清楚自己承包草原的具体位置。承包资料有待完善，大多数地方草原承包情况的档案资料、成果图件有待进一步规范和完善。

（二）自然资源产权纠纷时有发生

一是历史遗留和跨乡镇界存在林权纠纷。由于当时工作粗放，致使部分林地存在四至边界不清，证、地不符等情况，埋下纠纷隐患。在重新登记换发新证过程中，以前潜在的许多问题都暴露出来，矛盾错综复杂，调处难度很大。

二是存在历史遗留草场纠纷争议。草原产权纠纷主要是由于历史遗留问题、草场边界不清楚引发的，多发生在行政边界地段，这类矛盾纠纷在确权过程中随时都可能爆发，给确权带来很大隐患。

三是草原承包确权到户推进困难。从甘孜藏族自治州的调研情况看，由于草地质量和生产能力差异较大，客观上给草原承包到地块带来了困难。

（三）自然资源管理保护机制有待加强

一是草原承包经营权管理有待加强。四川省部分地区仍存在牧民沿袭传统的放牧习惯使用草原，未按所承包的草原开展牧业生产活动。特别是草原承包经营权流转程序不规范，存在很多矛盾纠纷隐患。

二是草原监理监测体制和机制有待完善，专业技术人员较缺乏。草原监管缺乏强制性和持续性，特别是基层草原监管缺乏技术支撑。

三是国有林场资源管护不均，管护力量有待提升。四川省国有林场平均林地面积差异较大，且由于四川省国有林场平均职工人数较少，基本工作受到一定的影响。

四、相关建议

按照"归属清晰、权责明确、流转顺畅、保护严格、监管有效"的思路，稳步推进自然资源产权制度改革，发挥自然资源产权制度在生态文明建设中的基础性作用。

（一）明确自然资源分类标准，摸清自然资源家底

不同自然资源部门对同一自然资源的分类标准存在差异，如土地利用现状分类与林业部门、农业部门的分类标准不同，导致同一自然资源底数不清，在很大程度上制约自然资源的管理。应充分利用第三次土地调查，统筹协调各个自然资源管理部门，统一各部门的地类认定标准，制定统一的自然资源地类认定标准，查清自然资源家底。

（二）构建完善的自然资源产权体系

构建完善的自然资源产权制度，对于提高自然资源合理利用和保护水平、维护国家所有权权益具有重大意义。而现实中，由于产权不清，产权纠纷时有发生，从而导致自然资源过度开发、保护不利，更有甚者会引发冲突。四川省应在逐步推进不动产统一登记的同时，建立归属清晰、权责明确、流转顺畅、保护严格、监管有效的自然资源产权体系。明确各类自然资源权利边界，减少自然资源产权纠纷。明确自然资源产权人权利义务，合理保护自然资源。综合考虑立体利用实践经验，在自然资源地表、地下、地上分别设置权能，构建完善的自然资源产权体系。

（三）加强自然资源产权保护和管理

一是进一步加大草原保护建设与管理的分类制度。研究制定更加契合草地管理实际和牧民愿望的政策措施与指导方案，明确草原所有权、使用权和管理权。以村为基本单位划定草原面积、确定四至经纬，切实发挥村级组织对草原保护、使用、建设和管理的主体作用，在村的草原面积内，能够将地块和面积明确到户的，把经营权落实到户，对难以将地块和面积落实到户的，将面积承包到户，或将地块和面积落实到联户，明确每户牧户草场面积（股权到户）。

二是加快建立完善草原监理监测的长效机制。建立健全草原执法监管体系，提升草原执法权威，将草原行政执法延伸到乡、村。对于开发利用过程中出现的矛盾纠纷，建议完善权利保护和救济制度，保护合理权利人的相关利益。

三是建立自然资源保护的部门协调机制。随着城镇化、工业化进程的推进，各自然资源相互侵占的现象比较普遍，从而造成自然资源的破坏。建议建立自然资源、农业、生态环境等相关部门自然资源保护的协调工作机制，统筹推进自然资源的保护。

四是进一步推进公益诉讼制度，加大对自然资源的保护。发挥检察机关在自然资源保护中的积极作用，检察机关对于在履职过程中发现生态环境和资源保护、食品药品安全、国有财产保护、国有土地使用权出让等领域负有监督管理职责的行政机关违法行使职权或者不作为，致使国家利益或者社会公共利益受到侵害的，向行政机关提起检察建议，督促其依法履行职责。行政机关不依法履行职责的，检察机关依法向人民法院提起诉讼。

第五节 广东自然资源资产管理体制改革

一、进展情况

（一）建立不动产统一登记制度

一是总量全国第一，提前完成"发新停旧"任务。广东省于2016年6月底前全面完成"发新停旧"任务，比国家规定的时限提前半年。工作制度逐步建立健全，印发了《广东省不动产登记存量数据整合技术指南（试行）》《广东省不动产登记信息安全技术规范》《广东省不动产登记操作指南（试行）》等一系列制度文件，建立健全了不动产登记月报告和重大事项报告制度。

二是提前实现国家级不动产登记信息平台接入全覆盖。2017年，广东省121个县（市、区）不动产登记信息平台已全部接入省级、国家级平台，提前半年实现了中华人民共和国国土资源部要求的信息平台接入全覆盖的工作目标。通过"分级部署，统一接入"的不动产登记平台建设模式，实现广东省各级节点接入国家级平台，支撑市、县不动产登记机构日常业务的办理，构建监管和分析体系。

三是启动林权、海域使用权不动产登记，印发《广东省国土资源厅 广东省林业厅关于做好林权类不动产统一登记工作的通知》（粤国土资登记发〔2017〕163号）。

四是历史遗留问题逐步得到妥善处置。推动政策性文件出台，如汕头市出台了《汕头经济特区地价管理规定》，惠州市自然资源局印发了《不动产统一登记有关问题的处理意见》。

（二）县镇两级农村产权平台全覆盖

产权制度建设是农村综合改革的基础，土地确权则是基础的基础。广东省开展的农村综合改革的特色之一就是注重基础性制度建设，其中产权制度建设是重要的一条。

广东省按照国家部署于2014年启动农村土地承包经营权确权工作。截至2018年6月，广东省多个农村集体经济组织全面完成清理核实，县镇两级农村产权平台实现全覆盖，一些地市将小型工程招投标、集体资产收益分配纳入平台统一监管。

（三）积极推进自然资源资产有偿使用制度改革

原广东省国土资源厅高度重视贯彻落实《国务院关于全民所有自然资源资产有偿使用制度改革的指导意见》（国发〔2016〕82 号）文件精神，采取了多项落实措施。

一是制定广东省实施全民所有自然资源资产有偿使用制度改革分工方案。方案主要明确各部门以及各地级以上市和顺德区政府的工作任务、工作要求和完成时限，落实检查督导机制，保障国发〔2016〕82 号文件精神得到贯彻落实。

二是及时传达并部署各地市及顺德区国土资源主管部门开展工作。原广东省国土资源厅召开全省扩大国有土地有偿使用范围政策落实研讨会，专题研究政策落实措施并部署开展公共服务项目用地基准地价和农用地基准地价的制定工作。

三是出台广东省国有农用地基准地价评估指导意见。广东省农垦总局和广东省不动产登记与估价专业人员协会共同研究制定《广东省国有农用地基准地价评估指导意见》，明确了全省国有农用地基准地价的工作目标及范围、估价技术要求和成果要求。

四是严格要求各地制定公共服务项目基准地价。《广东省国土资源厅关于 2016 年城镇基准地价成果更新情况的通报》发布，要求各地在更新城镇基准地价时，需同步制定公共服务项目基准地价，对于未完成公共服务项目基准地价的地级以上市，省厅将不受理其基准地价更新成果验收申请。

（四）深圳市推进自然资源确权登记和生态控制线分区管制

一是结合地籍调查工作，推进自然资源确权登记。2016 年启动了深圳市地籍调查和土地总登记工作，计划通过 5 年时间，完成全市土地总登记工作，查清自然资源的所有权归属、权属边界、空间分布和保护管理单位等，同步开展自然资源确权登记工作。

为了解决自然生态用地的权利人问题，深圳市在地籍调查规程中提出保护管理人制度。对于未确定使用权的国有土地，其保护管理单位作为土地权利人，即保护管理人。根据《中华人民共和国土地管理法》及其实施条例，对于未确定使用权国有土地，依法登记造册，负责保护管理。按照条例规定，深圳市拟将水流、水库、水源保护区、公园绿地、国企用地、城市公园、郊野公园等自然空间按照保护管理范围，划定登记单元，由保护管理单位作为土地权利人，进行登记造册管理。

二是划定了基本生态控制线，建立基本生态控制线调查和分区管制制度。2005 年深圳市在全国率先划定了基本生态控制线，将一级水源保护区、风景名胜区、自然保护区、集中成片的基本农田保护区、森林及郊野公园；坡度大于 25 度的山地、林地以及特区内海拔超过 50 米、特区外海拔超过 80 米的高地；主干河流、水库及湿地；维护生态系统完整性的生态廊道和绿地；以及岛屿和具有生态保护价值的海滨陆域等，近一半的土地划入生态线内予以严格保护。

（五）南海区"三块地"改革试点基本形成城乡统一的建设用地权能

广东作为全国改革开放的先行军，历来重视农村改革"固本安民"的基础作用。近年来，广东把农村改革摆到更加突出位置，扎实推进"四梁八柱"的基础性建设，形成了一批可复制、可推广的经验。例如，佛山市南海区集体资产股份确权到户、"政经分开"改革，清远市承包地先自愿互换并地再确权登记颁证，清远市党建和村民自治重心下移等 4 项改革成果被总结上升为中央政策文件内容。目前，重点推进的是佛山市南海区农村土地制度改革试点。

佛山市南海区于 20 世纪 80 年代就在农村用地上大量发展乡镇企业，快速完成城市化进程。但是，农村集体建设用地量大却低效问题较严重。在已有的建设用地上，过去土地粗放经营带来的无序开发、使用低效问题大量存在。2015 年 7 月，南海区成为全国 33 个农村土地制度改革试点区县之一，作为广东省唯一试点区，改革试点以土地征收、农村集体经营性建设用地流转和宅基地制度为主要内容。南海区集体经营性建设用地入市试点扩大了农村集体建设用地使用权出让、出租、抵押等权能，特别是参与抵押融资使土地从资源变成资本，给南海区土地价值升值带来了显著的效益。

二、存在的问题

（一）不动产统一登记存在历史遗留问题和薄弱环节

首先，广东省不动产统一登记工作也遇到了一些普遍性历史遗留问题，如农村宅基地和集体建设用地使用权及地上房屋的登记问题；已颁发房产证但尚未取得土地证，如何办理不动产登记；土地和房屋登记用途、界线、面积、权利人不一致问题。

其次，规范化建设有待深化。一是个别地方不动产登记机构还没有完成实质性整合，不动产登记机构职责不够清晰。二是存在不动产登记行为不规范现象。例如，个别市县证书未编不动产单元号或编制不规范，登记簿存在填写不完整、填写错误等。三是登记能力有待进一步增强。个别地方登记机构的人员配备不足，不能满足不断增加的业务量需求。

最后，存量数据整合任务重。广东省经济发展速度快，市场交易活跃，存量数据巨大。过去分散登记，各市县、各部门信息化程度差异较大，土地与房产信息数据缺乏有效关联，整合建库任务重，难度较大。特别是广东省东部、西部、北部山区受人才、技术、经费等制约，推进难度更大。

（二）土地确权工作进展较缓慢

广东省农村土地确权工作普遍存在起步慢、推进慢、颁证慢即"三慢"现象。南海区土地征收制度改革试点工作还有待加快推进，租赁入市土地手续办理以及入市土地进行抵押贷款的配套政策尚需进一步落实，入市土地增值收益的测算方式还有待深入研究。

（三）自然资源确权概念边界有待明确

广东省在自然资源产权管理特别是确权工作中，主要困难是水流、森林、山岭、草原、荒地、滩涂等不同种类自然资源的概念、范围不明确，空间单元划分缺乏标准，难以划分自然资源的类型边界。矿业权与林地和草地使用权、海域使用权等重叠、归属界定困难，因权益纠纷引发矿、林、草、地、海域使用权冲突，执法和监管困难。

（四）各类生态保护红线交叉重叠

广东省住房和城乡建设厅、林业厅、海洋与渔业厅分别组织划定了全省生态控制线、林业生态红线、海洋生态保护红线，并制定了相应的管控措施。但是，由于省直有关部门划定生态保护红线的工作目标、技术方法等不同，各类生态保护红线之间存在划定范围重叠交叉、管控措施不一致等问题。原广东省环境保护厅按照省政府的统一部署，会同省直有关部门组织编制《广东省生态保护红线划定工作方案》，全面部署和加快推进广东省划定并严守生态保护红线工作，将各领域生态保护红线合并为生态保护红线，不再单独划定森林、湿地、草原、海洋等领域生态红线，实现一条红线管控重要生态空间，从根本上解决各类生态红线交叉重叠及不协调等问题。

广东是全国自然保护区数量大省，截至 2019 年底，广东林业系统已建立县级以上自然保护地 1359 个，数量居全国第一，面积达 294.52 万公顷，占全省国土面积的 16.39%。[①] 但是，广东省自然保护区范围内仍然存在自然资源开发特别是矿产资

---

① 资料来源：中国新闻网广东省已建立县级以上的自然保护地 1359 个 ［EB/OL］. http：//www. forestry. gov. cn/main/72/20191031/163007663288532. html，2019-10-31.

源开发活动。

三、对策建议

（一）加强不动产登记规范化建设

一是加快研究出台林权登记等相关政策文件。目前，国家对于林权、海域使用权等自然资源不动产登记操作程序和要求不够明确，对相关职能部门的职责划定不够清晰，建议尽快研究出台相关规范性文件，进一步明确林权类不动产登记操作程序和工作要求，明确国土资源部门与林业部门关于确权登记的职责划分。

二是加强不动产登记业务培训，指导地方处理不动产登记的历史遗留问题。建议组织开展现场授课答疑、网络视频教学、实际案例剖析等形式多样的培训学习活动，多途径、多渠道提高基层不动产登记人员工作水平。督促各地认真对历史遗留问题进行梳理分类，指导各地不动产统一登记制度建设、信息系统平台建设和数据整合建库，全面推进不动产统一登记工作。

（二）加快推进土地产权改革与自然保护区内矿业权清理

一是加快推进土地确权登记工作。以问题为导向，找准当前各地农村土地确权推进工作中面临的突出问题，深化认识，压实主体责任，注重分类施策，建立目标倒逼机制。

二是完善南海区"三块地"改革试点，发挥好试点对全局性改革的示范、突破和带动作用。抓住关键环节，深入研究入市土地增值收益的测算与分配等改革重点难点问题；加强土地征收与农村集体经营性建设用地入市两项改革试点的统筹，加快推进土地征收制度改革试点工作；加强农村土地制度改革试点与农村相关改革的统筹，特别是进一步落实租赁入市土地手续办理以及入市土地进行抵押贷款的配套政策；全面总结试点工作经验。

三是全面开展自然保护区内矿业权清理工作。以国家级自然保护区为重点，对行政区域内各类保护区禁止矿产资源勘查开采范围的矿业权进行全面调查摸底、分类梳理、系统分析，为保护区内矿业权分类处置工作奠定基础。同时加快广东省生态保护红线划定工作，统筹构建广东省生态保护红线管控制度，按时保质完成全省生态保护红线划定各项工作任务。

（三）健全自然资源产权体系和监管制度

进一步完善自然资源产权权能体系，在维护全民所有自然资源所有权权益基础上，明确自然资源概念、分类、标准、空间单元等，健全自然资源使用权转让、租赁、抵押、作价出资（入股）、参与收益等权能，构建权能确认和保护制度，保障使用权人合法权益。

构建和完善自然资源产权调查制度。研究制定自然资源的调查单元和登记单元。定期开展自然资源产权调查工作，全面掌握自然资源的权属、数量、空间分布等现状信息和变化情况，及时更新自然资源产权信息。

建立和完善自然资源监管机制，监管工作应与日常资源管理工作衔接，应与土地、规划、环保、水务、林业等执法工作进行衔接，并在一个平台上或一个数据基础上，开展执法工作。

第六节　新疆自然资源资产管理体制改革

一、主要做法和成效

党的十九大以来，新疆维吾尔自治区党委、政府认真贯彻习近平总书记系列重要讲话，全面落实中共中央、国务院关于加快生态文明建设的决策部署，结合新疆维吾尔自治区实际，扎实推进自然资源产权制度改革，取得积极成效。

（一）土地资源资产管理体制改革

近几年，新疆在土地资源产权制度改革方面建树颇丰。

一是扎实推进农村土地制度改革三项试点。伊宁市自 2015 年被确定为农村宅基地制度改革试点以来，扎实落实村级民主。伊宁市允许农民宅基地在市域范围内流转，流转对象限定为全市符合申请宅基地条件的农民，并建立宅基地增值收益制度，对宅基地流转到本集体经济组织以外的，集体组织可收取 5~20 元/平方米的增值收益。完善集体经营性建设用地入市土地增值收益调节金征收使用管理制度，明确了土地取得成本和土地开发成本的计算办法和土地增值收益调节金征收比例。

二是积极探索国有农用地有偿使用。新疆生产建设兵团下辖的农牧团场通过出让、租赁、授权经营和承包经营等多种形式，对国有农用地进行有偿使用。再如农牧团场将国有农用地承包给团场职工，职工按承包土地的面积向团场缴纳各项承包费。这些有益探索都对推动构建国有农用地使用权具有积极作用。

（二）矿产资源资产管理体制改革

新疆矿产种类全、储量大，丰富的矿产资源需要通过市场进行配置，转变为经济效益。近年来，新疆矿产资源产权制度改革实践走在了全国前列。一是深化矿业权出让制度改革。新疆作为试点地区，积极推进矿业权出让制度改革，出台《新疆维吾尔自治区探矿权采矿权出让制度改革试点工作实施方案》。二是深化油气勘查开采体制改革。完成首轮油气勘查区块公开招标出让，放开新疆油气勘查开采市场，向社会公开出让石油天然气勘查区块，依法颁发油气勘查许可证。招标完成后，对首批中标的三家企业组织技术交流、企地对接，帮助企业解决实际困难，营造良好投资环境。

（三）水资源资产管理体制改革

近年来，新疆以水价为核心推动水权制度改革，形成了有益探索。

一是大力推进农业用水有偿使用。2016 年新疆发布《自治区发展改革委关于塔里木河流域管理局供水价格有关事宜的通知》（发改农价〔2016〕1741 号）和《新疆维吾尔自治区发展改革委关于直属流域管理单位供水价格有关事宜的通知》（新发改农价〔2016〕1742 号），对农业用水价格方案分类施策，对粮食、林果经济作物制定不同的收费标准。将水资源的稀缺性体现在价格杠杆中，对高效用水、退地节水和生态保护起到积极作用。

二是积极推动水权改革和水市场建设。2017 年《新疆维吾尔自治区水权改革和水市场建设指导意见（试行）》发布，通过市场优化水资源配置，昌吉回族自治州等 11 个州、地（市）、县相继开展水权改革试点，如昌吉回族自治州玛纳斯县率先开展农业水权向工业水权流转交易；吐鲁番市出台《吐鲁番地区水权转让管理办法》，取消新增用水取水许可，实现工业新增用水全部通过水市场购买；鄯善县成立水权收储转让交易中心和乡镇水权收储转让交易所，开展农业结余水权交易。

三是全面开展水资源确权登记。试点的昌吉回族自治州 7 个县市全部完成农业水权确权分配；塔城地区按地区确定的用水总量逐级落实到县、乡、村和农户；乌苏市在九间楼乡将水权量化到户并颁发初始水权证书，对农业灌溉用水进行初始水权登记。

（四）森林资源资产管理体制改革

近年来，新疆坚持走"生态效益第一"的林业可持续发展道路，森林资源产权制度改革取得巨大成就。

一是全面落实国有林场改革。新疆天然林资源产权比较单一，林地所有权、林木所有权、经营权全部为国有。全区林场覆盖天山、阿尔泰山、塔河流域、沙漠前沿最优质、最精华的森林资源。2017年底前已完成国有林场不动产确权登记，建立了国有林场森林资源有偿使用制度。

二是稳步推进集体林权改革。党的十七大以后，农村全面实施集体林权制度改革，明晰集体林产权，全面放活经营权、落实处置权、保障收益权，推行了林权担保和融资。全区集体林权主体改革基本完成，纳入林改范围的集体林地已全部完成确权，在一定程度上盘活了森林资产，促进集体林业良性发展。

三是不断提升林业产权管理水平。在各县市建立起县级人民政府保护森林资源目标责任制，逐级签订《山区森林资源管理目标责任状》，层层落实森林资源监管责任。在全国率先开展森林、湿地、荒漠植被、物种四条生态红线划定工作。加强森林资源监测，组织完成了新疆森林资源第九次清查和森林资源二类补充调查。加强珍稀濒危物种保护工作，出台地方性法规《新疆维吾尔自治区卡拉麦里山有蹄类野生动物自然保护区管理条例》，建成我国首个以隼类为主的繁育研究基地。

（五）草原资源资产管理体制改革

新疆草原面积辽阔，是全国五大牧区之一，草原资源资产管理体制改革取得一定成效。

一是全面推进草原承包。各地根据实际采取多种承包方式，北疆牧区由于大部分牧区夏季草场面积相对较小，又缺少明显的地理标志，为方便生产，夏季牧场仍按历史习惯采取分户承包，联户使用方式，冬草场和春秋草场由于面积相对较大，基本承包到户。南疆地区草场多分布在农区，长期形成共同使用的习惯，基本上采取集体承包，共同使用方式。对于国营牧场的草原，一般由牧场集体承包，也有国营牧场将草场承包到户。

二是积极探索联户经营。由于牧民出国、外出打工等原因，为推动资源有效利用，新疆探索草原资源"分户承包、联户经营"，这一举措加强了资源的流动性，有效地提升了新疆畜牧业发展水平。

二、存在的突出问题

新疆自然资源资产管理制度改革起步早、力度大，形成了一系列好的做法和经验，但是仍然存在一些短板和不足。由于特殊的历史、民族、政治等原因，新疆自然资源产权权属纠纷要比其他地方更复杂，处理难度更大。

一是跨区草原资源权属纠纷。由于民族习俗和行政区划调整原因，新疆跨区放牧现象较普遍，地州之间、邻近县乡之间草场使用权纠纷冲突时有发生，这在一定程度上影响社会稳定和资源的开发保护。

二是跨区水资源权属纠纷。新疆水资源相对匮乏，且分布较不均衡，导致跨区水资源产权纠纷时有发生。

三、对策建议

（一）着力解决林草确权矛盾

加强部门沟通协调，明确草地和林地的分类标准，建立统一的调查和统计口径。继续推进不动产统一登记和自然资源统一确权登记工作，横向上各部门要建立协调机制，产权登记资料要互通共享，确保资料真实完整；纵向上要与以往工作做好衔接，颁新证收旧证，确保政策连续稳定。

（二）妥善处理自然资源权属纠纷

完善协商解决、行政调处和民事诉讼等权属纠纷的解决机制，规范处理程序、健全机构设置、加强人员配备，充分发挥基层村干部在处理自然资源权属争议中的作用，强调地方政府作为权属争议行政调处的主体责任。在确权登记过程中，妥善处理历史遗留问题，综合考虑民族、历史、经济、政治等因素，合理处理跨界产权纠纷。

（三）健全自然资源产权法律体系

以资源优化配置和合理利用为手段，实现资源保护和生态发展的目标，注重发挥市场配置资源的决定性作用，适应自然资源利用多样化和复合化的趋势，健全完善自然资源产权权能，构建完善的自然资源产权体系。尽快研究建立生态补偿、争议处置、公益诉讼等机制，加强对自然资源产权的保护力度。构建自然资源法律体系，完善与生态文明理念相匹配的法律法规顶层设计。

（四）理顺自然保护区管理体制机制

按照中央自然资源资产管理体制改革精神，推进各类自然资源保护地清理规范和归并整合，实现一个保护地一块牌子、一个管理机构，集中履行同一区域内各类自然资源资产的管理保护职责。合理划定自然保护区范围，明确自然保护区的四至坐标，建立自然保护区范围动态调整机制。研究细化保护区管理政策，对环境没有影响或影响可控的必要的资源勘探、水利工程等项目应当允许，实现资源开发利用和生态环境保护双赢。尽快全面调查摸底、分类梳理保护区内建设项目设置情况，研究制定已有建设项目分类退出机制，对没有审批或审批手续不全的项目应当取缔，对具有合法审批手续或在保护区设置前已经存在的项目应当建立补偿机制，合理有序地引导保护区内已有产权退出。

参考文献

［1］ Coase R. H. The Nature of the Firm ［J］. Economica, 1937, 4 (16): 386-405.

［2］ Dahlman C. J. The Problem of Externality ［J］. Journal of Law and Economics, 1979, 22 (1): 141-162.

［3］ Donald L. Uchtmann. Coal Farmers and the Collective Sale of Mineral Rights ［J］. Illinois Agricultural Economics, 1976, 52 (1): 265-277.

［4］ Garrett Hardin. The Tragedy of the Commons ［J］. Science, 1968, 163 (3859): 1243-1248.

［5］ Hill T. The Evolution of Property Rights: A Study of the American West ［J］. Journal of Law and Economics, 1975, 18 (1): 163-179.

［6］ Keith F. Palmer. Mineral Taxation Policies in Developing Countries: An Application of Resource Rent Tax ［J］. Staff Papers, 1980, 27 (3): 517-542.

［7］ Kenneth R. Stollery. Mineral Procession in an Open Economy ［J］. Land Economics, 1987, 63 (2): 128-136.

［8］ Ostrom S. E. Property-Rights Regimes and Natural Resources: A Conceptual Analysis ［J］. Land Economics, 1992, 68 (3): 249-262.

［9］ Pearce D., Bromley D. W, Anderson T. L., et al. Environment and Economy: Property Rights and Public Policy ［J］. Economic Geography, 1991, 68 (413): 436-439.

［10］ Pearse P. H. From Open Access to Private Property: Recent Innovations in the Fishing Rights as Instruments of Fisheries Policy ［J］. Ocean Development and International Law, 1992 (22): 71-83.

［11］ Scott Gordon. The Economic Theory of Common－property Resource：The Fishery ［J］. Journal of Political Economy，1954，62（2）：124－142.

［12］ Williamson O. Markets and Hierarchies：Analysis and Antitrust Implications ［M］. New York：The Free Press，1975.

［13］ Williamson O. The Economic Institutions of Capitalism － Transaction Cost Economics［M］. New York：The Free Press，1985.

［14］ Alain Onibn，黄金涌. 西非自然资源管理中的地方活动：地方分权和权力下放［J］. 林业与社会，2002（4）：2.

［15］阿兰·兰德尔. 资源经济学从经济角度对自然资源和环境政策的探讨［M］. 施以正，译. 北京：商务印书馆，1989.

［16］蔡春，毕铭悦. 关于自然资源资产离任审计的理论思考［J］. 审计研究，2014（9）：7.

［17］蔡华杰. 自然资源：公有抑或私有？——国外关于自然资源资产产权的争鸣和启示［J］. 探索，2016（1）：39-46.

［18］蔡运龙. 自然资源学原理［M］. 北京：科学出版社，2008.

［19］曹新. 加快建立自然资源资产产权制度［N］. 中国审计报，2015-10-21.

［20］陈波. 论产权保护导向的自然资源资产离任审计［J］. 审计与经济研究，2015（5）：15-23.

［21］陈华飞. 国际上是如何做自然资源确权登记的？［N］. 中国自然资源报，2018-07-20.

［22］陈茜茜. 资源收益管理：国外案例的经验与启示［J］. 生产力研究，2011（10）：148-150.

［23］陈兴华. 中国海洋资源产权制度研究［A］//林业、森林与野生动植物资源保护法制建设研究：2004年中国环境资源法学研讨会（年会）论文集［C］. 武汉：中国法学会环境资源法学研究会，2004.

［24］陈艳利，弓锐，赵红云. 自然资源资产负债表编制：理论基础、关键概念、框架设计［J］. 会计研究，2015（9）：9.

［25］程绪平. 从结构角度看国土资源管理体制调整问题［J］. 中国地质矿产经济，2000（1）：11-15.

［26］道格拉斯·C.诺斯.制度、制度变迁与经济绩效［M］.杭行,译.上海:格致出版社,上海三联书店,上海人民出版社,1994.

［27］邓玲.我国生态文明发展战略及其区域实现研究［M］.北京:人民出版社,2015.

［28］刁永祚.产权效率论［J］.吉林大学学报(社会科学版),1998(1):73-76.

［29］董金明.论自然资源产权的效率与公平:以自然资源国家所有权的运行为分析基础［J］.经济纵横,2013(4):7.

［30］樊奇,刘恩举.我国自然资源领域中的市场失灵问题［J］.辽宁经济,2006(6):62.

［31］范振林.新时代下国有自然资源资产管理概况［J］.国土资源情报,2018(5):9-14.

［32］冯聪,董为红.自然资源管理政策评估实践及完善研究［J］.国土资源情报,2019(10):10-15.

［33］付庆云.德国的自然资源管理［J］.国土资源情报,2004(3):7-12.

［34］国家海洋局海洋发展战略研究所课题组.中国海洋发展报告(2010)［M］.北京:海洋出版社,2010.

［35］国家林业局.第八次全国森林资源清查结果［J］.林业资源管理,2014(1):1-2.

［36］哈罗德·德姆塞茨,银温泉.关于产权的理论［J］.经济社会体制比较,1990(6):49-55.

［37］韩威.生态经济［M］.北京:人民出版社,1994.

［38］洪旗,陈华飞.国外自然资源管理都有哪些模式?［N］.中国自然资源报,2018-05-24.

［39］胡康生.中华人民共和国物权法释义［M］.北京:法律出版社,2007.

［40］环球印象.英国房地产行业管理部门与主要政策［EB/OL］.http://www.zcqtz.com/news/64891.html,2016-12-01.

［41］黄小虎.把所有者和管理者分开:谈对推进自然资源管理改革的几点认识［J］.红旗文摘,2014(5):20-23.

［42］姜大明．处理好农民与土地关系，促进"三农"工作健康发展：学习习近平总书记安徽小岗村重要讲话体会［N］．人民日报，2016-06-08（010）．

［43］姜文来．关于自然资源资产化管理的几个问题［J］．资源科学，2000，22（1）：5-8．

［44］赖敏，潘韬，蒋金龙，谢敏．海洋资源资产负债表研究进展及其应用展望［J］．环境保护，2020，48（Z2）：75-79．

［45］雷新途，石道金．生态产权会计：一个理论分析框架［J］．财经论丛，2007（5）：58-64．

［46］李款，李发祥．我国国家公园自然资源管理探讨［J］．生物多样性，2022，30（1）：1-5．

［47］李男，孟磊．我国矿产资源权利金制度构建研究［J］．经济师，2008（12）：108-109．

［48］李涛．土地城乡流转的效率评价、区域差异与激活机制：江苏例证［J］．改革，2018（10）：131-138．

［49］李小勇等．英国林产品政府采购政策市场影响评估［J］．世界林业研究，2015，28（6）：80-83．

［50］李雪敏．自然资源资产负债表的理论研究与实践探索［J］．统计与决策，2021（21）：14-19．

［51］李颖，熊熙宝．自然资源管理与生态文明建设［J］．理论学习与探索，2013（5）：81-83．

［52］李兆宜，苏利阳．绩效导向的自然资源资产管理与改革［J］．中国行政管理，2019（9）：29-35．

［53］梁光明．俄罗斯土地资源管理［M］．北京：中国大地出版社，2003．

［54］廖卫东．生态领域产权市场制度研究［M］．北京：经济管理出版社，2004．

［55］刘伯恩．自然资源管理体制改革发展趋势及政策建议［J］．中国国土资源经济，2017（4）：18-21．

［56］刘刚，孔继君，韩斌，巩合德，娄延宝．国外以社区为基础的自然资源管理进展［J］．广东农业科学，2011（1）：254-255．

［57］刘丽，张新安．当代国际自然资源管理的大趋势［J］．河南国土资源，

2003（11）：28-30.

［58］刘世庆．汶川大地震灾后重建与自然资源管理政策探讨［J］．生态经济，2009（7）：180-186.

［59］刘涛，顾莹莹，赵由才．能源利用与环境保护［M］．北京：冶金工业出版社，2011.

［60］刘巍．自然资源资产化管理初探［J］．湖北高等商业专科学校学报，2000，12（3）：27-29.

［61］卢现祥，李慧．自然资源资产产权制度改革：理论依据、基本特征与制度效应［J］．改革，2021（2）：14-18.

［62］罗必良．论自然资源的适度利用［J］．生态经济，1990（1）：49-52.

［63］罗纳德·哈里·科斯．企业、市场与法律［M］．盛洪，陈郁，译．上海：格致出版社，上海三联书店，上海人民出版社，1990.

［64］马晓旭，杨军芳．加快我国自然资源管理市场化的对策探讨［J］．生产力研究，2006（4）：163-165.

［65］欧阳岚．西部自然资源产权问题浅析［J］．江汉大学学报，2003，20（4）：77-79.

［66］彭皓玥．自然资源约束下的我国资源型区域可持续发展研究［D］．天津：天津大学，2009.

［67］彭五堂．马克思主义产权理论研究［D］．北京：中国人民大学，2006.

［68］彭新育，王力．不确性条件下自然资源管理的 Bayes 方法［J］．西南师范大学学报（自然科学版），1999，24（3）：343-340.

［69］水会莉，耿明斋．党政领导干部自然资源资产离任审计的机理与实施路径：基于试点区域实施困境的分析［J］．兰州学刊，2018（8）：186-196.

［70］宋马林，崔连标，周远翔．中国自然资源管理体制与制度：现状、问题及展望［J］．自然资源学报，2022，37（1）：1-16.

［71］唐京春．国外自然资源公共服务及对我国的启示［J］．中国国土资源经济，2015，28（1）：4.

［72］唐茂林，李齐放．当前我国自然资源管理问题分析［J］．经济与管理，2004，18（9）：33-34.

［73］田贵良．新时代国有自然资源资产监管体制改革的经济学逻辑［J］．甘肃社会科学，2018（2）：237-243．

［74］田贵良．自然资源产权视角的水权交易价格经济学属性再审视［J］．人民珠江，2018，39（1）：95-99．

［75］汪安佑．资源环境经济学［M］．北京：地质出版社，2005．

［76］王枫云．生态预算：推进城市自然资源可持续利用的新型政府工具［J］．广州大学学报（社会科学版），2009，8（5）：29-31．

［77］王凤春．美国联邦政府自然资源管理与市场手段的应用［J］．中国人口·资源与环境，1999，9（2）：95-98．

［78］王俐，陶小马．基于自然资源要素的珠三角城市效率评价研究［J］．中国人口·资源与环境，2016，26（S2）：114-118．

［79］王树锋，丁洋．自然资源资产离任审计质量评价研究［J］．会计之友．2022（5）：42-47．

［80］王晓霞．获益能力理论及其在自然资源管理领域的应用［J］．生态经济，2011（9）：46-50．

［81］王泽霞．自然资源资产负债表编制的国际经验借鉴与区域策略研究［J］．商业会计，2014（9）：6-10．

［82］王战男．基于制度成本理论的集体林权制度改革的成本分析［J］．林业经济问题，2009，29（3）：223-227．

［83］危旭芳．理解绿色发展的五个维度［N］．学习时报，2016-02-22．

［84］魏权龄．评价相对有效性的数据包络分析模型：DEA和网络DEA［M］．北京：中国人民大学出版社，2012．

［85］锡林郭勒盟草原确权承包工作顺利完成［N］．内蒙古日报，2018-03-20．

［86］肖强，孙凡，马生丽，向冲．参与式自然资源管理的博弈论分析［J］．重庆文理学院学报（自然科学版），2012，31（6）：82-85．

［87］谢地．论我国自然资源产权制度改革［J］．河南社会科学，2006，14（5）：1-7．

［88］新华社．习近平主持召开中央全面深化改革领导小组第二十九次会议［EB/OL］．http：//www.gov.cn/xinwen/2016-11/01/content_5127202.htm，2016-11-01．

［89］熊振均．我国农地的产权效率分析［J］．经济论坛，2008（5）：129-131.

［90］徐豪萍．浅谈自然资源资产离任审计：基于产权角度［J］．商，2015（8）：115-116.

［91］薛山．填海造地的海洋资源产权价值流失与测度研究［D］．青岛：中国海洋大学，2013.

［92］严金明，王晓莉，夏方舟．重塑自然资源管理新格局：目标定位、价值导向与战略选择［J］．中国土地科学，2018，32（4）：1-7.

［93］颜晗冰，宋青，田丹琦，朱晓东．长三角区域自然资源绩效管理及考核机制初步研究［J］．环境保护，2020，48（8）：51-55.

［94］姚霖，余振国．自然资源资产负债表基本理论问题管窥［J］．管理现代化，2015，32（2）：3.

［95］叶榅平．自然资源物权化与自然资源管理制度改革导论［J］．管理世界，2012（9）：178-179.

［96］叶正国，时建辉．我国农地产权制度的反思与重构［J］．东北农业大学学报（社会科学版），2014，12（4）：35-40.

［97］于素花，黄波．社区水资源管理及自然资源管理模式探讨［J］．水资源与水工程学报，2004，15（2）：40-43.

［98］曾晶，石声萍．基于边际机会成本理论的农村自然资源管理制度选择分析［J］．贵州农业科学，2010，38（3）：214-217.

［99］张丽萍．自然资源学原理［M］．北京：科学出版社，2009.

［100］张五常．交易费用的范式［J］．社会科学战线，1999（1）：1-9.

［101］张五常．经济解释（四卷本）：科学说需求+收入与成本+受价与觅价+制度的选择［M］．北京：中信出版社，2014.

［102］张五常．经济解释卷4：制度的选择［M］．北京：中信出版社，2014.

［103］张永红，刘小龙，陈淑娟．自然资源资产清查核算的宁夏实践［J］．中国土地，2020（8）：37-39.

［104］张裕东．海洋资源性资产产权效率研究［D］．青岛：中国海洋大学，2013.

［105］赵龙．土地产权制度建设新机遇：地籍管理专家学术研讨会发言摘要［J］．中国土地，2009（2）：28.

［106］郑晓曦，高霞．我国自然资源资产管理改革探索［J］．管理现代化，2013（1）：7-9．

［107］周波，于金多．我国自然资源资产收益分配的突出问题及改革路径［J］．辽宁大学学报（哲学社会科学版），2020，48（4）：39-46．

［108］周进生．国外自然资源管理模式及选择动因分析［J］．国土资源情报，2005（2）：1-6．

［109］周觅．中瑞自然资源管理之比较［J］．湖南师范大学学报（社会科学版），2012（3）：31-34．

［110］周玉，邹朝晖．全民所有自然资源资产管理考核评价机制与方法研究［J］．上海国土资源，2021，42（1）：90-94．

［111］庄国敏，钟凰元．公平与效率：自然资源产权制度中的博弈［J］．合肥工业大学学报（社会科学版），2015，29（1）：53-56．

后　记

　　自然资源资产管理制度是国家生态文明建设的基础性制度，当前国务院相关部委和地方政府相关部门以及社会各界都在不断地探索实践，笔者收集了国内外自然资源资产管理的现实方法和案例，参考了百余篇国内外文献资料，调研了部分省份自然资源资产管理体制改革实践经验，分析了我国出台的上百个政策文件和法律法规，结合正在进行的自然资源资产管理体制改革，形成了《基于产权效率的国家自然资源资产管理体制研究》一书。书中观点仅代表笔者个人研究结论，仅供有关领域专家学者参考。

　　本书的付梓凝聚了众多学者、专家的心血。在此首先感谢四川大学邓玲教授和龚勤林教授、四川农业大学邱高会教授、西南民族大学赵兵教授对本书选题和内容设计的指导；感谢四川建筑职业技术学院吴城林书记、李辉教授、胡兴福教授对本书写作过程的重视和关心；感谢四川建筑职业技术学院兰凤林教授、张翔副教授、王艳副教授、李佳南副教授、李磊副教授、余蕊、韩杰、姚志刚、董依玲以及上海市社会科学院张文博等对本书中基础理论构建、国内外经验案例分析、指标体系评价及数据采集等工作的辛勤付出。

　　最后，还要感谢国内外研究自然资源资产管理及生态文明的学者，感谢他们为本书提供的参考文献。尽管成书过程中严格遵循学术规范，但百密难免一疏，如果书中引用了您的观点而疏忽了注释，在此深表歉意，恳请您的谅解和批评指正。

龚诛

2022 年 3 月